어휘 방망이로 문해력을 뚝딱!

생각디딤돌

*어휘력 : 어휘를 마음대로 부리어 쓸 수 있는 능력.
*독해력 : 글을 읽고 이해하는 능력.
*문해력 : 혼자 읽고 이해하고, 생각할 수 있는 능력.
　　　　경제개발협력기구(OECD)에서 정의한 문해력은 읽고 이해하는 것 이외의 기능.
　　　　글을 이해하고, 평가하고, 사용하고, 글로 소통하는 능력으로 정의.
　　　　즉 글을 읽고, 이해하고 사용할 줄 아는 능력.

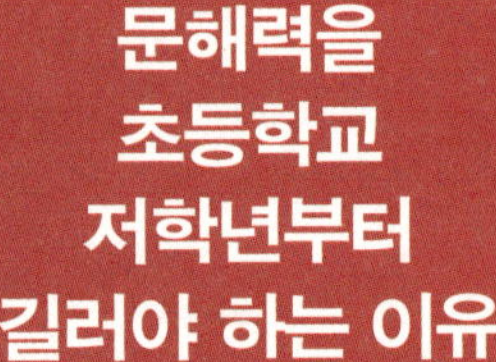

문해력을 초등학교 저학년부터 길러야 하는 이유

1. 초등학교 시기는 '공부 머리 뇌'로 알려진 전두엽이 폭발적으로 발달한다. 이때 문해력을 기르지 않으면 기억력과 사고력을 담당하는 전두엽이 활성화되지 않기 때문에 당연히 공부 효율이 떨어질 수밖에 없다.
2. 글을 읽고 이해하고 사용하는 것이 공부의 기본이자 전부이다. 즉 문해력이 뒷받침되지 않으면 공부를 시작조차 할 수 없다. 문해력이 부족하면 학습에서 불리할 수밖에 없다.
3. 문해력을 길러놓지 않으면 장래 할 수 있는 일이 없다. 무슨 일을 하건 창의력이 필요한데 문해력의 능력이 없다면 새로운 생각, 새로운 능력을 발휘하기 어렵다.
4. 학습 어휘를 제대로 이해하지 못하면 문해력의 발전은 기대하기 어렵다. 문해는 어휘를 기본으로 하기 때문이다.

2학년을 문해력 발달의 골든 타임으로 보는 이유

1. 3학년부터는 본격적인 학습을 위한 읽기가 시작된다.
2. 초등 3학년부터는 교과목 수가 늘어나는 데다 내용도 어려워진다. 당연히 고급 어휘들이 다양하게 등장한다.
3. 2학년까지 아이들이 해독을 어려워한다면 학년이 올라갈수록 기초 학력 부족이 누적되면서 학습 격차가 더욱 벌어질 수밖에 없다.
4. 초기 문해력을 갖추지 못한 아이들은 공부의 기초 체력이 허약해 공부에 대한 자신감을 쉽게 잃어버릴 수 있다.

5. 아이의 학습 능력을 높이고 싶어서 학원에 보내지만 별 효과를 못 얻는 이유는 학습 격차의 주요 원인이 문해력 격차 때문이다.
6. 초등 2학년까지 문해력 기초를 탄탄하게 다져놓지 않으면 3학년부터는 문해력 격차이든 학습 격차이든 따라잡는 것이 더욱 어려워진다.

---

1. 문해력 수준이 낮으면 학습 기회를 상실하고 학습 의욕 저하로 이어진다.
2. 글 읽기의 양이 감소하는 결과를 낳는다.
3. 아이 스스로 글을 못 읽는다며 자포자기하게 되고 공부에 대한 의욕마저 잃어버린다.
4. 어렸을 때 필요한 문해력 시기에 읽기 능력을 적절하게 발달시키지 못하면 문해력 격차가 발생하는데, 한 번 격차가 벌어지면 그 격차가 점점 더 커지게 된다. 잘 읽는 아이는 더 잘 읽고, 못 읽는 아이는 점점 더 뒤처질 수밖에 없다.
5. 학습도구어는 일상에서 사용되는 어휘와는 구별된다. 문해력이 뒷받침 되어야 교과서에 등장하는 학습도구어 의미를 이해할 수 있다.

---

1. 수능 만점자 30명 중 90%에 해당하는 학생들의 특징은 어려서부터 꾸준히 독서를 했다는 점이다. 그 결과 글 읽는 속도가 빨라져서 교과서나 참고서의 내용을 빨리 읽고 이해할 수 있게 되었다. 그러므로 모든 아이가 동일한 출발선에서 문해력 실력의 기초를 다질 수 있게끔 해야 한다.
2. 수많은 아이가 초등 입학 전부터 조기 교육을 시작해 초, 중, 고등학교 12년 내내 여러 학원을 전전하거나 족집게 학원을 찾지만, 만족할 만한 결과를 얻지 못하는 이유는 문해력 향상이 가장 효과적인 학습 방법이라는 사실을 모르기 때문이다.

이 책의 구성과 특징

독일의 심리학자 헤르만 에빙하우스의 망각곡선을 활용한 반복 학습

내 아이를 명문대를 보낼 수 있는 가장 쉽고 빠른 방법
일타 강사를 찾을 것이 아니라 문해력부터 키워 주세요!

〈낱말 뜻을 이해하고 낱말의 쓰임을 완벽하게 익혀볼까요?〉

교과서에 나오는 중요 어휘를 선정하여 ①뜻을 설명하고, ②교과서 내용을 예문으로 적어 낱말을 이해하게 한 뒤에 ③낱말 따라 쓰기를 반복하고, ④낱말에 맞는 문장을 따라 쓰고, 그런 뒤에 ⑤짧은 글짓기를 통해 낱말을 완전히 익히도록 했어요. (하나의 어휘를 5~10회 이상 반복 학습)

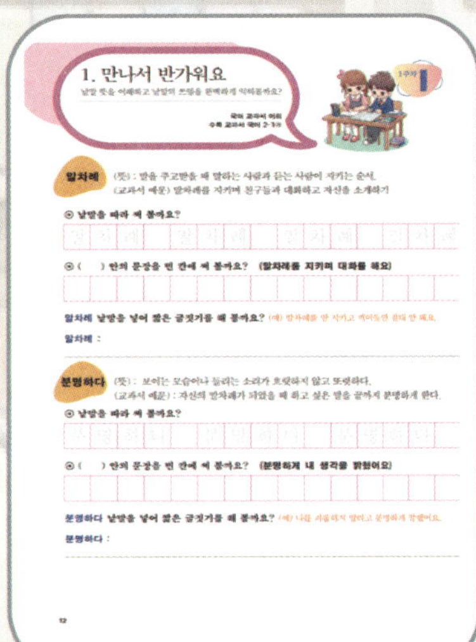
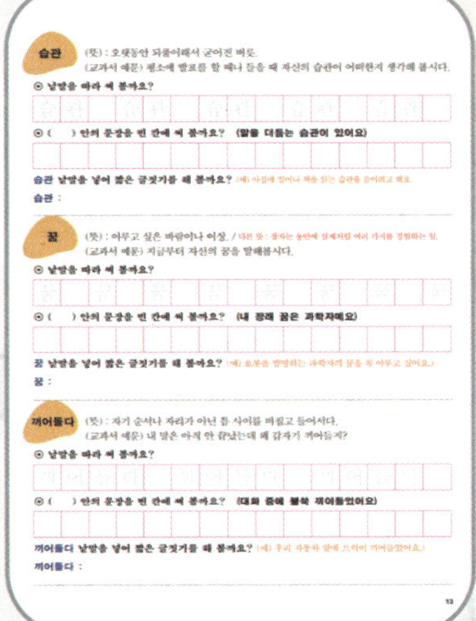
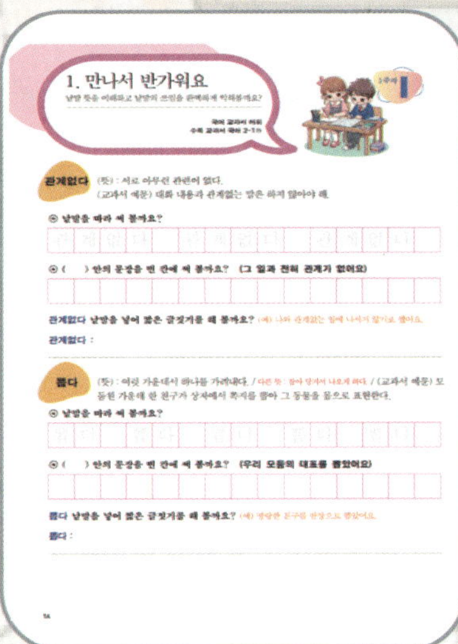

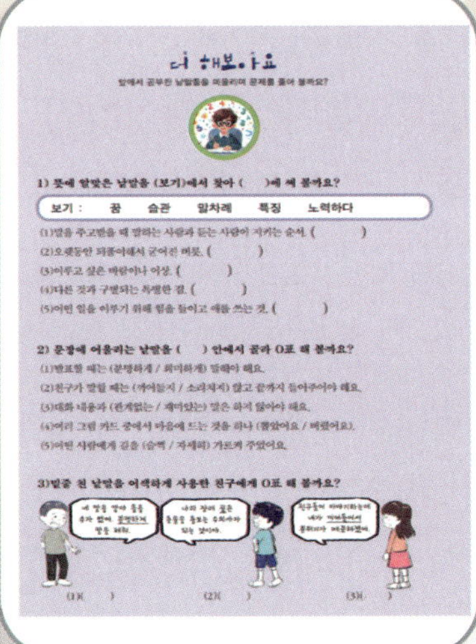

〈더 해보아요〉 앞에 배운 낱말을 다시 한번 배우고 익히도록 했어요.

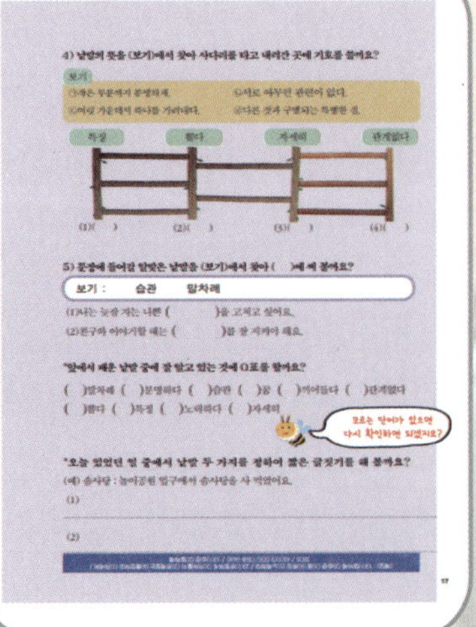
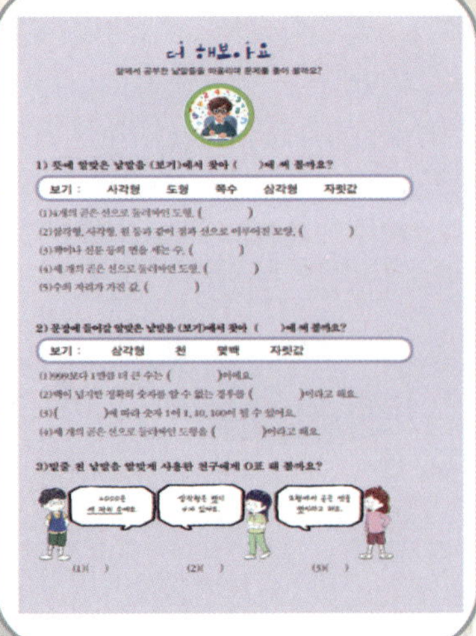

〈받아쓰기를 해보아요〉 앞에서 배운 단어를 떠올리며 받아쓰기를 해보도록 했어요.

〈어린왕자와 사막여우를 만나러 가요〉

어린왕자와 사막여우가 등장하여 그 단원에 나온 낱말을 인용한 재미있는 이야기를 나누어요. 〈나도 작가〉에서는 어린왕자와 사막여우가 주고받았을 이야기를 상상하여 써 보는 거예요. 그런 뒤에 〈독해 실력이 쑥쑥쑥〉〈문해 실력이 쑥쑥쑥〉을 하게 했어요.

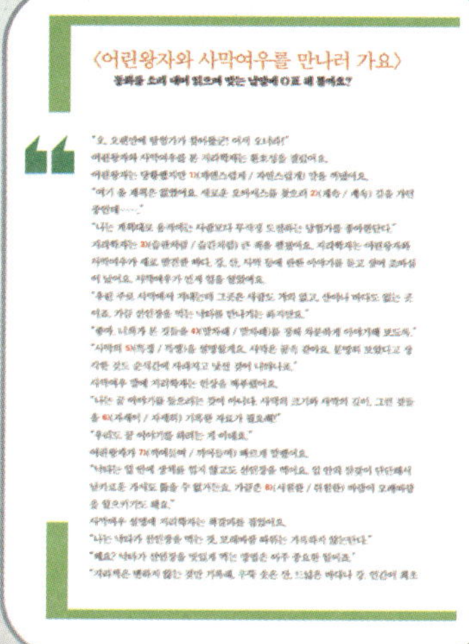

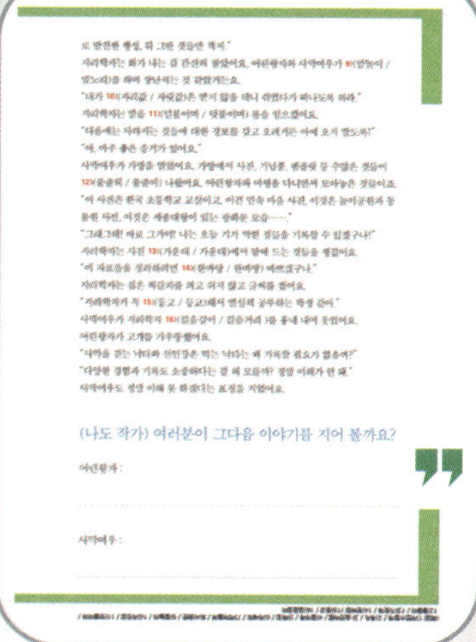

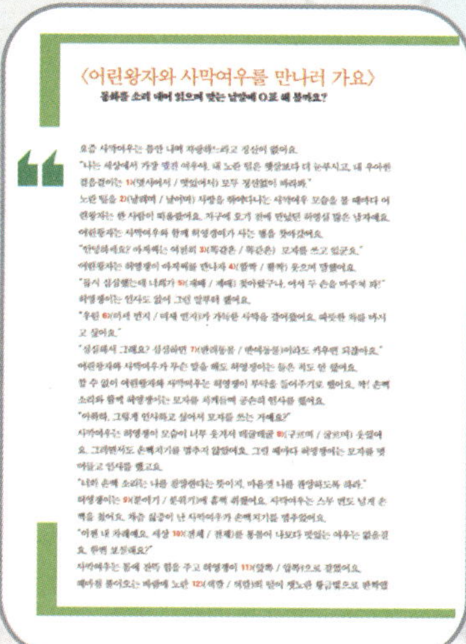

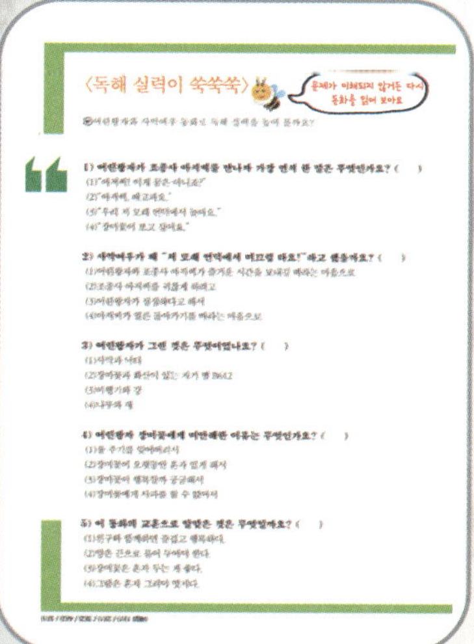

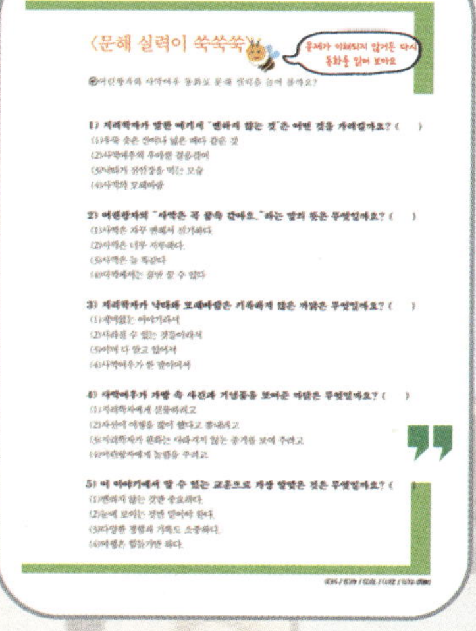

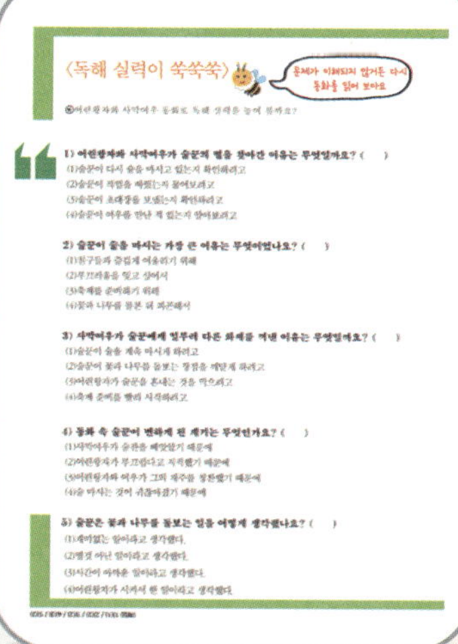

〈속담 실력이 쑥쑥쑥〉 재미있는 속담 동화를 통해 속담 실력을 기르게 했어요.

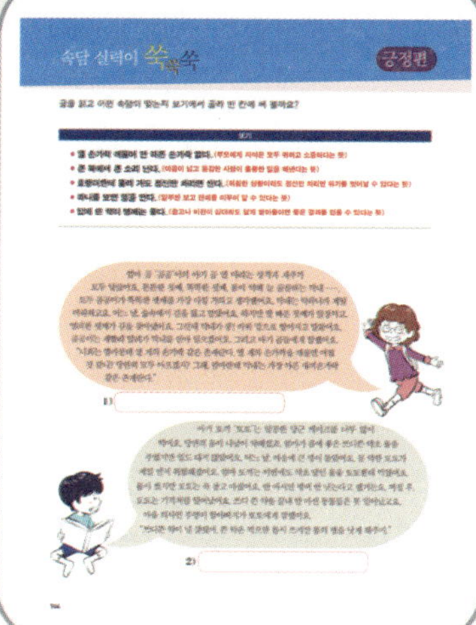

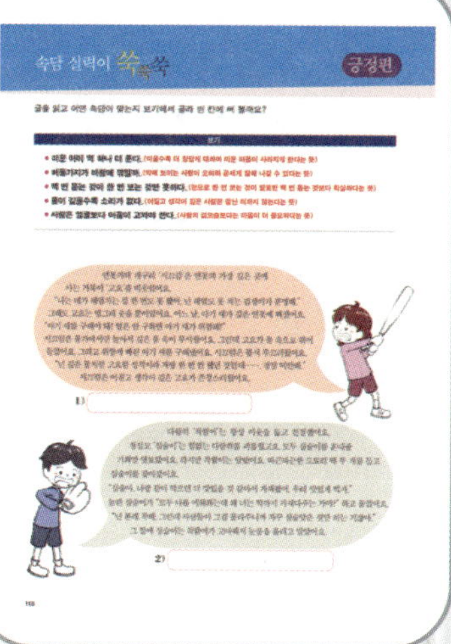

● 단순한 글자 반복 쓰기가 아닌 5~10회 이상 다양한 방법을 통해 지루하지 않고 재미있게 어휘를 익힐 수 있도록 꾸몄어요.

● 찾아보기 : 초등 2학년 1학기 교과서에 나오는 어휘를 과목별로 나누어서 ㄱ~ㅎ 순서대로 정리했어요.

교과서 수업 목록

이 책은 초등 2학년 1학기 교과서
『국어』『수학』『나』『자연』『마을』『세계』에
수록된 어휘 중에 중요 어휘를 선별하여 반복
수업을 하도록 했습니다.

국어

이 책의 차례

1주차

2주차

3주차

회	교과목		교과서 수록 어휘	이 책 페이지	교과서 페이지
1회	국어 교과서 어휘	5. 마음을 짐작해요	의미, 시끌벅적, 쉽다, 연습, 돌보다	80	152~163
			낯설다, 마치다, 걸음, 다치다, 맞장구치다	82	161~182
			더 해보아요	84	
2회	수학 교과서 어휘	4. 길이 재기	재다, 어림하다, 맞대다, 뼘, 횟수	86	90~98
			1cm, 점선, 자, 눈금, 약	88	100~108
			더 해보아요	90	
3회	국어 교과서 어휘	6. 자신의 생각을 표현해요	수목원, 보호자, 공공장소, 지루하다, 가족회의	92	185~201
			초대장, 대표, 편지, 인상, 형제	94	206~213
			더 해보아요	96	
4회	마을 교과서 어휘	마을	마을, 곳곳, 장수, 직업, 악기	98	8~40
			소식지, 축제, 전달하다, 시설, 보탬	100	48~86
			더 해보아요	102	
			받아쓰기를 해보아요	104	
			어린왕자와 사막여우를 만나러 가요	106	
			독해력이 쑥쑥쑥 / 문해력이 쑥쑥쑥	108	
			속담 실력이 쑥쑥쑥	109	

4주차

회	교과목		교과서 수록 어휘	이 책 페이지	교과서 페이지
1회	국어 교과서 어휘	7. 마음을 담아서 말해요	잃어버리다, 고운 말, 망치다, 미안하다, 사과하다	114	222~229
			조심하다, 넙죽거리다, 전하다, 자랑스럽다, 같다	116	231~244
			더 해보아요	118	
2회	수학 교과서 어휘	5. 분류하기	기준, 필요하다, 분류, 주어지다, 빠뜨리다	120	116~128
		6. 곱셈	묶다, 배, 문제, 주사위, 텃밭	122	137~159
			더 해보아요	124	
3회	국어 교과서 어휘	8. 다양한 작품을 감상해요	작품, 사용법, 장소, 까딱, 휘두르다	126	246~252
			세차다, 신호, 현관, 오누이, 아우	128	252~272
			더 해보아요	130	
4회	세계 교과서 어휘	세계	전통, 의상, 자랑거리, 명절, 지구촌	132	28~56
			식중독, 예방, 태풍, 감염병, 접촉	134	74~81
			더 해보아요	136	
			받아쓰기를 해보아요	138	
			어린왕자와 사막여우를 만나러 가요	140	
			독해력이 쑥쑥쑥 / 문해력이 쑥쑥쑥	142	
			속담 실력이 쑥쑥쑥	144	

교과서 어휘력이 문해력의 시작이다!

- 한글의 어휘력 · 독해력 · 문해력을 그만 무시!
- 어휘력 · 독해력 · 문해력 실력은 모든 학업의 기본!
- 어휘력 · 독해력 · 문해력을 해결하려면 낱말 반복 복습부터 시작!
- 초등학교 교과서의 어휘력 · 독해력 · 문해력 해결은 명문대 입학의 지름길!

1회
국어 교과서 어휘

**말차례 / 분명하다 / 습관 / 꿈 / 끼어들다 /
관계없다 / 뽑다 / 특징 / 노력하다 / 자세히**

공부한 날 (　)월 (　)일

2회
수학 교과서 어휘

**세 자리 수 / 몇백 / 천 / 자릿값 / 쪽수 /
도형 / 삼각형 / 변 / 사각형 / 꼭짓점**

공부한 날 (　)월 (　)일

3회

국어 교과서 어휘

말놀이 / 자연스럽다 / 주고받다 / 덧붙이다 /
가운데 / 줄줄이 / 계속 / 준비물 / 시원하다 /
책갈피

공부한 날 (　　)월 (　　)일

4회

나 교과서 어휘

그림책 / 보물 / 등교 / 세균 / 아프다 /
병원놀이 / 꺼이꺼이 / 한바탕 / 자라다 /
걸음걸이

공부한 날 (　　)월 (　　)일

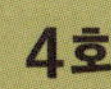

· 더 해보아요
· 받아쓰기를 해보아요
· 어린왕자와 사막여우를 만나러 가요
· 독해력이 쑥쑥쑥
· 문해력이 쑥쑥쑥
· 속담 실력이 쑥쑥쑥

1. 만나서 반가워요

낱말 뜻을 이해하고 낱말의 쓰임을 완벽하게 익혀볼까요?

국어 교과서 어휘
수록 교과서 국어 2-1㉮

말차례

(뜻) : 말을 주고받을 때 말하는 사람과 듣는 사람이 지키는 순서.

(교과서 예문) 말차례를 지키며 친구들과 대화하고 자신을 소개하기

◉ **낱말을 따라 써 볼까요?**

말	차	례		말	차	례		말	차	례		말	차	례

◉ **(　　) 안의 문장을 빈 칸에 써 볼까요? (말차례를 지키며 대화를 해요)**

말차례 낱말을 넣어 짧은 글짓기를 해 볼까요? (예) 말차례를 안 지키고 끼어들면 절대 안 돼요.

말차례 :

분명하다

(뜻) : 보이는 모습이나 들리는 소리가 흐릿하지 않고 또렷하다.

(교과서 예문) 자신의 말차례가 되었을 때 하고 싶은 말을 끝까지 분명하게 한다.

◉ **낱말을 따라 써 볼까요?**

분	명	하	다		분	명	하	다		분	명	하	다	

◉ **(　　) 안의 문장을 빈 칸에 써 볼까요? (분명하게 내 생각을 밝혔어요)**

분명하다 낱말을 넣어 짧은 글짓기를 해 볼까요? (예) 나를 괴롭히지 말라고 분명하게 말했어요.

분명하다 :

습관

(뜻) : 오랫동안 되풀이해서 굳어진 버릇.
(교과서 예문) 평소에 발표를 하거나 들을 때 자신의 습관이 어떠한지 생각해 봅시다.

◉ 낱말을 따라 써 볼까요?

| 습 | 관 | | 습 | 관 | | 습 | 관 | | 습 | 관 | | 습 | 관 | |

◉ ( ) 안의 문장을 빈 칸에 써 볼까요? **(말을 더듬는 습관이 있어요)**

| | | | | | | | | | | | | | | |

습관 낱말을 넣어 짧은 글짓기를 해 볼까요? (예) 아침에 일어나 책을 읽는 습관을 들이려고 해요.

습관 :

꿈

(뜻) : 이루고 싶은 바람이나 이상. / 다른 뜻 : 잠자는 동안에 실제처럼 여러 가지를 경험함
(교과서 예문) 지금부터 자신의 꿈을 말해 봅시다.

◉ 낱말을 따라 써 볼까요?

| 꿈 | | 꿈 | | 꿈 | | 꿈 | | 꿈 | | 꿈 | | 꿈 | | 꿈 |

◉ ( ) 안의 문장을 빈 칸에 써 볼까요? **(내 장래 꿈은 과학자예요)**

| | | | | | | | | | | | | | | |

꿈 낱말을 넣어 짧은 글짓기를 해 볼까요? (예) 로봇을 발명하는 과학자의 꿈을 꼭 이루고 싶어요.

꿈 :

끼어들다

(뜻) : 자기 순서나 자리가 아닌 틈 사이를 비집고 들어서다.
(교과서 예문) 내 말이 아직 안 끝났는데 왜 갑자기 끼어들지?

◉ 낱말을 따라 써 볼까요?

| 끼 | 어 | 들 | 다 | | 끼 | 어 | 들 | 다 | | 끼 | 어 | 들 | 다 |

◉ ( ) 안의 문장을 빈 칸에 써 볼까요? **(대화 중에 불쑥 끼어들었어요)**

| | | | | | | | | | | | | | | |

끼어들다 낱말을 넣어 짧은 글짓기를 해 볼까요? (예) 우리 자동차 앞에 트럭이 끼어들었어요.

끼어들다 :

1. 만나서 반가워요

낱말 뜻을 이해하고 낱말의 쓰임을 완벽하게 익혀볼까요?

국어 교과서 어휘
수록 교과서 국어 2-1㉮

관계없다

(뜻) : 서로 아무런 관련이 없다.

(교과서 예문) 대화 내용과 관계없는 말은 하지 않아야 해.

◉ **낱말을 따라 써 볼까요?**

| 관 | 계 | 없 | 다 | | 관 | 계 | 없 | 다 | | 관 | 계 | 없 | 다 | |

◉ (   ) 안의 문장을 빈 칸에 써 볼까요?   **(그 일과 전혀 관계가 없어요)**

| | | | | | | | | | | | | |

관계없다 낱말을 넣어 짧은 글짓기를 해 볼까요? (예) 나와 관계없는 일에 나서지 않기로 했어요.

관계없다 :

뽑다

(뜻) : 여럿 가운데서 하나를 가려내다. / 다른 뜻 : 잡아 당겨서 나오게 함 / (교과서 예문) 모둠원 가운데 한 친구가 상자에서 쪽지를 뽑아 그 동물을 몸으로 표현한다.

◉ **낱말을 따라 써 볼까요?**

| 뽑 | 다 | | 뽑 | 다 | | 뽑 | 다 | | 뽑 | 다 | | 뽑 | 다 | |

◉ (   ) 안의 문장을 빈 칸에 써 볼까요?   **(우리 모둠의 대표를 뽑았어요)**

| | | | | | | | | | | | | |

뽑다 낱말을 넣어 짧은 글짓기를 해 볼까요? (예) 명랑한 친구를 반장으로 뽑았어요.

뽑다 :

특징 (뜻) : 다른 것과 구별되는 특별한 점.
(교과서 예문) 그 동물을 나타내는 가장 중요한 특징을 생각해 봐요.

◉ 낱말을 따라 써 볼까요?

| 특 | 징 | | 특 | 징 | | 특 | 징 | | 특 | 징 | | 특 | 징 | |

◉ (　　) 안의 문장을 빈 칸에 써 볼까요?　**(강아지 특징은 재롱 떨기예요)**

| | | | | | | | | | | | | |

특징 낱말을 넣어 짧은 글짓기를 해 볼까요? (예) 우리 가족의 특징은 모두 부지런하고 밝아요.

특징 :

노력하다 (뜻) : 어떤 일을 이루기 위해 힘을 들이고 애를 쓰는 것.
(교과서 예문) 자신이 잘하는 것과 더 노력하고 싶은 점을 써도 좋을 것 같아.

◉ 낱말을 따라 써 볼까요?

| 노 | 력 | 하 | 다 | | 노 | 력 | 하 | 다 | | 노 | 력 | 하 | 다 |

◉ (　　) 안의 문장을 빈 칸에 써 볼까요?　**(뭐든 노력하면 실력이 늘어요)**

| | | | | | | | | | | | | |

노력하다 낱말을 넣어 짧은 글짓기를 해 볼까요? (예) 좀 더 노력하면 축구를 잘할 수 있을 거예요.

노력하다 :

자세히 (뜻) : 작은 부분까지 분명하게.
(교과서 예문) 글을 쓸 때 읽을 사람을 생각하면 내용을 더 자세하게 떠올릴 수 있어요.

◉ 낱말을 따라 써 볼까요?

| 자 | 세 | 히 | | 자 | 세 | 히 | | 자 | 세 | 히 | | 자 | 세 | 히 |

◉ (　　) 안의 문장을 빈 칸에 써 볼까요?　**(등장인물을 자세히 살폈어요)**

| | | | | | | | | | | | | |

자세히 낱말을 넣어 짧은 글짓기를 해 볼까요? (예) 에디슨은 무엇이든 자세하게 살폈어요.

자세히 :

더 해보아요

앞에서 공부한 낱말들을 떠올리며 문제를 풀어 볼까요?

1) 뜻에 알맞은 낱말을 (보기)에서 찾아 (　　)에 써 볼까요?

> 보기 :　꿈　습관　말차례　특징　노력하다

(1)말을 주고받을 때 말하는 사람과 듣는 사람이 지키는 순서. (　　　　)

(2)오랫동안 되풀이해서 굳어진 버릇. (　　　　)

(3)이루고 싶은 바람이나 이상. (　　　　)

(4)다른 것과 구별되는 특별한 점. (　　　　)

(5)어떤 일을 이루기 위해 힘을 들이고 애를 쓰는 것. (　　　　)

2) 문장에 어울리는 낱말을 (　　) 안에서 골라 O표 해 볼까요?

(1)발표할 때는 (분명하게 / 희미하게) 말해야 해요.

(2)친구가 말할 때는 (끼어들지 / 소리치지) 말고 끝까지 들어야 해요.

(3)대화 내용과 (관계없는 / 재미있는) 말은 하지 않아야 해요.

(4)여러 그림 카드 중에서 마음에 드는 것을 하나 (뽑았어요 / 버렸어요).

(5)어떤 사람에게 길을 (슬쩍 / 자세히) 가리켜 주었어요.

3)밑줄 친 낱말을 어색하게 사용한 친구에게 O표 해 볼까요?

(1)(　　　)　　　　　(2)(　　　)　　　　　(3)(　　　)

4) 낱말의 뜻을 (보기)에서 찾아 사다리를 타고 내려간 곳에 기호를 쓸까요?

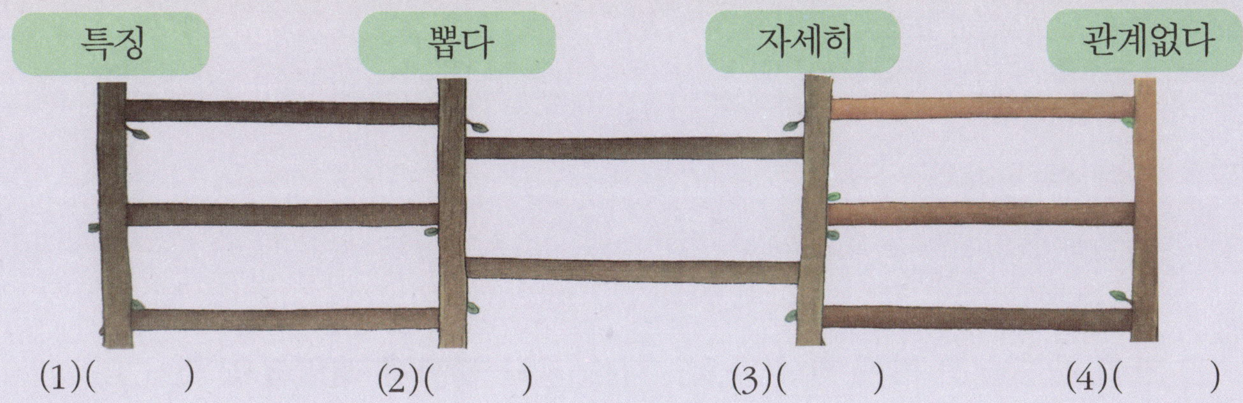

(1)(　　　) 　　(2)(　　　) 　　(3)(　　　) 　　(4)(　　　)

5) 문장에 들어갈 알맞은 낱말을 (보기)에서 찾아 (　　　)에 써 볼까요?

보기 :　　습관　　　말차례

(1)나는 늦잠 자는 (　　　　　)을 고치고 싶어요.

(2)친구와 이야기할 때는 (　　　　　)를 잘 지켜야 해요.

앞에서 배운 낱말 중에 잘 알고 있는 것에 O표를 할까요?

(　)말차례 (　)분명하다 (　)습관 (　)꿈 (　)끼어들다 (　)관계없다
(　)뽑다 (　)특징 (　)노력하다 (　)자세히

오늘 있었던 일 중에서 낱말 두 가지를 정하여 짧은 글짓기를 해 볼까요?

(예) 솜사탕 : 놀이공원 입구에서 솜사탕을 사 먹었어요.

(1)

(2)

1. 세 자리 수

낱말 뜻을 이해하고 낱말의 쓰임을 완벽하게 익혀볼까요?

세 자리 수 (뜻) : 백의 자리까지 있는 수.
(교과서 예문) 책에서 볼 수 있는 세 자리 수를 찾아봐요.

◉ **낱말을 따라 써 볼까요?**

세	자	리	수	세	자	리	수		

◉ **(　) 안의 문장을 빈 칸에 써 볼까요?　(세 자리 수까지 배웠어요)**

세 자리 수 낱말을 넣어 짧은 글짓기를 해 볼까요? (예) 100부터 999까지는 세 자리 수예요.

세 자리 수 :

몇백 (뜻) : 백이 넘지만 정확히 숫자를 알 수 없는 경우의 수.
(교과서 예문) 몇백을 알아볼까요

◉ **낱말을 따라 써 볼까요?**

몇	백	몇	백	몇	백	몇	백	몇	백

◉ **(　) 안의 문장을 빈 칸에 써 볼까요?　(몇백 명의 학생이 모였어요)**

몇백 낱말을 넣어 짧은 글짓기를 해 볼까요? (예) 감나무에 몇백 개의 감이 주렁주렁 열렸어요.

몇백 :

천

(뜻) : 999보다 1만큼 더 큰 수.

(교과서 예문) 1000은 천이라고 읽습니다.

◉ **낱말을 따라 써 볼까요?**

| 천 | | 천 | | 천 | | 천 | | 천 | | 천 | | 천 | | 천 |

◉ **(　　) 안의 문장을 빈 칸에 써 볼까요?　(천원이 열 개면 만원이에요)**

| | | | | | | | | | | | | | | |

천 낱말을 넣어 짧은 글짓기를 해 볼까요? (예) 기어다니는 개미들이 천 마리도 넘는 것 같아요.

천 :

자릿값

(뜻) : 수의 자리가 가진 값. / 다른 뜻 : 일정한 자리를 이용하는 데 드는 비용

(교과서 예문) 자릿값 카드로 세 자리 수를 만들고 친구와 이야기해 봅시다.

◉ **낱말을 따라 써 볼까요?**

| 자 | 릿 | 값 | | 자 | 릿 | 값 | | 자 | 릿 | 값 | | 자 | 릿 | 값 |

◉ **(　　) 안의 문장을 빈 칸에 써 볼까요?　(자릿값 카드를 만들었어요)**

| | | | | | | | | | | | | | | |

자릿값 낱말을 넣어 짧은 글짓기를 해 볼까요? (예) 자릿값 카드 뽑기에서 3, 5, 7을 차례대로 뽑았어요.

자릿값 :

쪽수

(뜻) : 책이나 신문 등의 면을 세는 수.

(교과서 예문) 수학책과 수학익힘책의 마지막 쪽수를 비교해 봅시다.

◉ **낱말을 따라 써 볼까요?**

| 쪽 | 수 | | 쪽 | 수 | | 쪽 | 수 | | 쪽 | 수 | | 쪽 | 수 |

◉ **(　　) 안의 문장을 빈 칸에 써 볼까요?　(쪽수가 클수록 책이 두꺼워요)**

| | | | | | | | | | | | | | | |

쪽수 낱말을 넣어 짧은 글짓기를 해 볼까요? (예) 형은 쪽수가 100이 넘는 책을 많이 갖고 있어요.

쪽수 :

2. 여러 가지 도형

낱말 뜻을 이해하고 낱말의 쓰임을 완벽하게 익혀볼까요?

도형

(뜻) : 삼각형, 사각형, 원 등과 같이 점과 선으로 이루어진 모양.
(교과서 예문) 여러 가지 도형을 알아보고 우리 주변에서 찾아볼까요?

◉ 낱말을 따라 써 볼까요?

도	형		도	형		도	형		도	형		도	형

◉ ( ) 안의 문장을 빈 칸에 써 볼까요? **(여러 도형의 물건을 찾았어요)**

도형 낱말을 넣어 짧은 글짓기를 해 볼까요? (예) 내 방을 여러 가지 도형으로 꾸몄어요.

도형 :

삼각형

(뜻) : 세 개의 곧은 선으로 둘러싸인 도형.
(교과서 예문) 여러 가지 삼각형을 만들고 이야기해 보세요.

◉ 낱말을 따라 써 볼까요?

삼	각	형		삼	각	형		삼	각	형		삼	각	형

◉ ( ) 안의 문장을 빈 칸에 써 볼까요? **(삼각형 모양의 연을 날렸어요)**

삼각형 낱말을 넣어 짧은 글짓기를 해 볼까요? (예) 주변에는 삼각형 모양이 많아요.

삼각형 :

변

(뜻) : 도형에서 곧은 선.
(교과서 예문) 삼각형의 변과 꼭짓점은 몇 개인지 이야기해 보세요.

◉ **낱말을 따라 써 볼까요?**

변	변	변	변	변	변	변	변

◉ **(   ) 안의 문장을 빈 칸에 써 볼까요? (삼각형은 변이 세 개예요)**

변 낱말을 넣어 짧은 글짓기를 해 볼까요? (예) 삼각형 한 변의 길이를 재보았어요.

변 :

사각형

(뜻) : 네 개의 곧은 선으로 둘러싸인 도형.
(교과서 예문) 여러 가지 사각형을 만들고 이야기해 보세요.

◉ **낱말을 따라 써 볼까요?**

사	각	형	사	각	형	사	각	형	사	각	형

◉ **(   ) 안의 문장을 빈 칸에 써 볼까요? (사각형의 꼭짓점은 네 개예요)**

사각형 낱말을 넣어 짧은 글짓기를 해 볼까요? (예) 사각형의 변과 꼭짓점은 모두 네 개씩이에요.

사각형 :

꼭짓점

(뜻) : 맨 꼭대기를 이루는 점.
(교과서 예문) 사각형의 변과 꼭짓점은 몇 개인지 이야기해 보세요.

◉ **낱말을 따라 써 볼까요?**

꼭	짓	점	꼭	짓	점	꼭	짓	점	꼭	짓	점

◉ **(   ) 안의 문장을 빈 칸에 써 볼까요? (삼각형의 꼭짓점은 세 개예요)**

꼭짓점 낱말을 넣어 짧은 글짓기를 해 볼까요? (예) 사각형의 꼭짓점을 정확하게 이었어요.

꼭짓점 :

더 해보아요

앞에서 공부한 낱말들을 떠올리며 문제를 풀어 볼까요?

1) 뜻에 알맞은 낱말을 (보기)에서 찾아 (　　)에 써 볼까요?

> 보기 :　　사각형　　도형　　쪽수　　삼각형　　자릿값

(1)네 개의 곧은 선으로 둘러싸인 도형. (　　　　)

(2)삼각형, 사각형, 원 등과 같이 점과 선으로 이루어진 모양. (　　　　)

(3)책이나 신문 등의 면을 세는 수. (　　　　)

(4)세 개의 곧은 선으로 둘러싸인 도형. (　　　　)

(5)수의 자리가 가진 값. (　　　　)

2) 문장에 들어갈 알맞은 낱말을 (보기)에서 찾아 (　　)에 써 볼까요?

> 보기 :　　삼각형　　천　　몇백　　자릿값

(1)999보다 1만큼 더 큰 수는 (　　　　)이에요.

(2)백이 넘지만 정확히 숫자를 알 수 없는 경우의 수를 (　　　　)이라고 해요.

(3)(　　　　)에 따라 숫자 1이 1, 10, 100이 될 수 있어요.

(4)세 개의 곧은 선으로 둘러싸인 도형을 (　　　　)이라고 해요.

3) 밑줄 친 낱말을 알맞게 사용한 친구에게 O표 해 볼까요?

(1)(　　　) 　　　　(2)(　　　) 　　　　(3)(　　　)

4) 밑줄 친 낱말과 뜻이 비슷한 말은 무엇일까요? (   )

(1)크기   (2)페이지
(3)표지   (4)제목
(5)무게

5) 뜻에 알맞은 낱말이 되도록 (보기)에서 글자를 찾아 써 볼까요?

보기 :   꼭   변   천   도   삼

(1) 999보다 1만큼 더 큰 수.   = ☐
(2) 삼각형, 사각형, 원 등과 같이 점과 선으로 이루어진 모양.   = ☐ 형
(3) 세 개의 곧은 선으로 둘러싸인 도형.   = ☐ 각 형
(4) 도형에서 곧은 선.   = ☐
(5) 맨 꼭대기를 이루는 점.   = ☐ 짓 점

*앞에서 배운 낱말 중에 잘 알고 있는 것에 O표를 할까요?

(   )세 자리 수 (   )몇백 (   )천 (   )자릿값 (   )쪽수 (   )도형
(   )삼각형 (   )변 (   )사각형 (   )꼭짓점

*오늘 있었던 일 중에서 낱말 두 가지를 정하여 짧은 글짓기를 해 볼까요?

(예) 매미 : 여름이 다 지나가는데도 매미가 요란하게 울어요. 실컷 울고 싶은가 봐요.

(1)

(2)

2. 말의 재미가 솔솔

낱말 뜻을 이해하고 낱말의 쓰임을 완벽하게 익혀볼까요?

말놀이

뜻 : 말을 주고받으며 즐기는 놀이. / 다른 뜻 : 막대기나 친구들의 등을 말로 삼아 타고 노는 놀이

(교과서 예문) 다섯 글자 말놀이로 친구에게 해 주고 싶은 말을 해 봅시다.

◉ **낱말을 따라 써 볼까요?**

말	놀	이		말	놀	이		말	놀	이		말	놀	이

◉ **( ) 안의 문장을 빈 칸에 써 볼까요? (칭찬해 주기 말놀이를 했어요)**

말놀이 낱말을 넣어 짧은 글짓기를 해 볼까요? (예) 말놀이 중에서 끝말잇기 놀이가 가장 재미있어요.

말놀이 :

자연스럽다

(뜻) : 거짓으로 꾸미거나 인공적인 데가 없어 어색하지 않다.

(교과서 예문) 여러 가지 낱말을 자연스럽게 익힐 수 있어.

◉ **낱말을 따라 써 볼까요?**

자	연	스	럽	다		자	연	스	럽	다				

◉ **( ) 안의 문장을 빈 칸에 써 볼까요? (분위기가 아주 자연스러웠어요)**

자연스럽다 낱말을 넣어 짧은 글짓기를 해 볼까요? (예) 언니는 자연스럽게 옷을 잘 입어요.

자연스럽다 :

주고받다　(뜻) : 서로 주기도 하고 받기도 하다.
　　　　　　(교과서 예문) 주고받는 말놀이는 묻고 답하면서 말을 주고받는 놀이예요.

◉ 낱말을 따라 써 볼까요?

| 주 | 고 | 받 | 다 | | 주 | 고 | 받 | 다 | | 주 | 고 | 받 | 다 | |

◉ (　　　) 안의 문장을 빈 칸에 써 볼까요?　**(말 주고받기 놀이는 재밌어요)**

| | | | | | | | | | | | | | | |

주고받다 낱말을 넣어 짧은 글짓기를 해 볼까요?　(예) 친구와 크리스마스 선물을 주고받았어요.

주고받다 :

덧붙이다　(뜻) : 원래 있는 것에 다른 것을 더 붙이다.
　　　　　　(교과서 예문) 말 덧붙이기 놀이를 해 보세요.

◉ 낱말을 따라 씨 볼까요?

| 덧 | 붙 | 이 | 다 | | 덧 | 붙 | 이 | 다 | | 덧 | 붙 | 이 | 다 | |

◉ (　　　) 안의 문장을 빈 칸에 써 볼까요?　**(말 덧붙이기 놀이를 했어요)**

| | | | | | | | | | | | | | | |

덧붙이다 낱말을 넣어 짧은 글짓기를 해 볼까요?　(예) 과일 이름으로 말 덧붙이기 놀이를 했어요.

덧붙이다 :

가운데　(뜻) : 어떤 곳의 복판. / (교과서 예문) 53쪽에 쓴 낱말 가운데에서 두 개를 골라 그 낱말
　　　　　들로 보기 처럼 문장을 만들어 보세요.

◉ 낱말을 따라 써 볼까요?

| 가 | 운 | 데 | | 가 | 운 | 데 | | 가 | 운 | 데 | | 가 | 운 | 데 |

◉ (　　　) 안의 문장을 빈 칸에 써 볼까요?　**(강 가운데에 배가 떠 있어요)**

| | | | | | | | | | | | | | | |

가운데 낱말을 넣어 짧은 글짓기를 해 볼까요?　(예) 수영장 가운데는 물이 아주 깊어요.

가운데 :

2. 말의 재미가 솔솔

낱말 뜻을 이해하고 낱말의 쓰임을 완벽하게 익혀볼까요?

국어 교과서 어휘
수록 교과서 국어 2-1㉮

줄줄이

(뜻) : 줄지어 계속.
(교과서 예문) 줄줄이 이야기 만들기 놀이를 해 보세요.

⊙ **낱말을 따라 써 볼까요?**

| 줄 | 줄 | 이 | | 줄 | 줄 | 이 | | 줄 | 줄 | 이 | | 줄 | 줄 | 이 |

⊙ ( ) 안의 문장을 빈 칸에 써 볼까요?　(줄줄이 이야기 잇기를 했어요)

줄줄이 낱말을 넣어 짧은 글짓기를 해 볼까요? (예) 담장에 호박이 줄줄이 매달려 있어요.

줄줄이 :

계속

(뜻) : 어떤 일을 끊지 않고.
(교과서 예문) 한 문장씩 계속 이어 가며 이야기를 만든다.

⊙ **낱말을 따라 써 볼까요?**

| 계 | 속 | | 계 | 속 | | 계 | 속 | | 계 | 속 | | 계 | 속 |

⊙ ( ) 안의 문장을 빈 칸에 써 볼까요?　(떠드는 소리가 계속 들렸어요)

계속 낱말을 넣어 짧은 글짓기를 해 볼까요? (예) 소나기가 계속 쏟아지고 있어요.

계속 :

준비물

(뜻) : 미리 마련하여 갖추어 놓는 물건.
(교과서 예문) 김밥을 다 먹고 준비물을 빨리 챙겼다.

◉ 낱말을 따라 써 볼까요?

| 준 | 비 | 물 | | 준 | 비 | 물 | | 준 | 비 | 물 | | 준 | 비 | 물 |

◉ ( ) 안의 문장을 빈 칸에 써 볼까요?　**(준비물을 꼬박꼬박 챙겨가요)**

| | | | | | | | | | | | |

준비물 낱말을 넣어 짧은 글짓기를 해 볼까요? (예) 여행 가기 전에 준비물을 모두 챙겼어요.

준비물 :

시원하다

(뜻) : 덥거나 춥지 않고 알맞게 서늘하다. / 다른 뜻 : 막힌 데가 없이 활짝 트여 마음이 후련함
(교과서 예문) 시원하다고 느꼈던 경험을 떠올려 봅시다.

◉ 낱말을 따라 써 볼까요?

| 시 | 원 | 하 | 다 | | 시 | 원 | 하 | 다 | | 시 | 원 | 하 | 다 |

◉ ( ) 안의 문장을 빈 칸에 써 볼까요?　**(바람이 솔솔 시원하게 불어요)**

| | | | | | | | | | | | |

시원하다 낱말을 넣어 짧은 글짓기를 해 볼까요? (예) 아무리 더워도 바다에 가면 시원해요.

시원하다 :

책갈피

(뜻) : 책장과 책장 사이. / (교과서 예문) 한쪽 면에는 좋아하는 문장, 다른 쪽 면에는
책 제목을 써서 나만의 책갈피를 만들어 보세요.

◉ 낱말을 따라 써 볼까요?

| 책 | 갈 | 피 | | 책 | 갈 | 피 | | 책 | 갈 | 피 | | 책 | 갈 | 피 |

◉ ( ) 안의 문장을 빈 칸에 써 볼까요?　**(책갈피에서 사진이 나왔어요)**

| | | | | | | | | | | | |

책갈피 낱말을 넣어 짧은 글짓기를 해 볼까요? (예) 노란 은행잎을 책갈피에 끼워 놨어요.

책갈피 :

더 해보아요

앞에서 공부한 낱말들을 떠올리며 문제를 풀어 볼까요?

1) 뜻에 알맞은 낱말을 (보기)에서 찾아 (　　)에 써 볼까요?

> 보기 :　　시원　　　주고　　　덧붙　　　자연

(1)거짓으로 꾸미거나 인공적인 데가 없어 어색하지 않다. → (　　　　)스럽다

(2)서로 주기도 하고 받기도 하다. → (　　　　)받다

(3)원래 있던 것에 다른 것을 더 붙이다. → (　　　　)이다

(4)덥거나 춥지 않고 알맞게 서늘하다. → (　　　　)하다

2) 뜻에 알맞은 낱말을 글자판에서 찾아 묶고 (　　)에 써 볼까요?

자	연	말	덧
주	고	놀	가
줄	줄	이	운
책	갈	피	데

(낱말을 가로, 세로 방향으로 찾으면 되어요)

(1)어떤 곳의 복판. (　　　　　　)

(2)줄지어 계속. (　　　　　　)

(3)책장과 책장 사이. (　　　　　　)

(4)말을 주고받으며 즐기는 놀이. (　　　　　　)

3) 문장에 어울리는 낱말을 (　　)에서 골라 O표 해 볼까요?

(1)감기에 걸려서 (계속 / 줄줄이) 기침이 나왔어요.

(2)아침에 깜박 잊고 (준비물 / 비눗물)을 챙기지 않았어요.

(3)호박이 담장에 (줄줄이 / 포동포동) 매달려 있어요.

(4)은행잎을 (책갈피 / 책표지)에 꽂아 놓았어요.

(5)여름이 지나고 가을이 되니 (시원해서 / 무더워서) 운동하기 좋아요.

4) 밑줄 친 낱말을 틀리게 사용한 친구에게 O표 해 볼까요?

(1)(   )   (2)(   )   (3)(   )

5) 문장에 어울리는 낱말을 (보기)에서 찾아 (   )에 써 볼까요?

보기 :   주고받다   시원하다   자연스럽다   덧붙이다

(1)땀이 줄줄 흘렀지만 에어컨을 틀었더니 더위가 싹 가셨어요. (   )

(2)오늘 새로 산 옷이 내 몸에 딱 맞아서 어색하지 않았어요. (   )

(3)나는 친구에게 머리핀을, 친구는 나한테 초콜릿을 선물했어요. (   )

(4)색종이 위에 다른 색종이들을 계속 붙였어요. (   )

*앞에서 배운 낱말 중에 잘 알고 있는 것에 O표를 할까요?

(   )말놀이 (   )자연스럽다 (   )주고받다 (   )덧붙이다 (   )가운데

(   )줄줄이 (   )계속 (   )준비물 (   )시원하다 (   )책갈피

*오늘 있었던 일 중에서 낱말 두 가지를 정하여 짧은 글짓기를 해 볼까요?

(예) 선물 : 나비 모양의 머리핀을 선물로 받았어요.

(1)

(2)

나

낱말 뜻을 이해하고 낱말의 쓰임을 완벽하게 익혀볼까요?

그림책

(뜻) : 그림을 많이 넣어 꾸민 어린이용 책.
(교과서 예문) 그림책에서 만나는 나

◉ **낱말을 따라 써 볼까요?**

그	림	책	그	림	책	그	림	책	그	림	책

◉ **(　　) 안의 문장을 빈 칸에 써 볼까요?　(그림이 많은 그림책이 좋아요)**

그림책 낱말을 넣어 짧은 글짓기를 해 볼까요? (예) 생일 선물로 그림책을 받았어요.

그림책 :

보물

(뜻) : 매우 귀하고 소중한 물건.
(교과서 예문) 나만의 보물 상자를 만들어 볼까요?

◉ **낱말을 따라 써 볼까요?**

보	물	보	물	보	물	보	물	보	물

◉ **(　　) 안의 문장을 빈 칸에 써 볼까요?　(보물 상자에 인형을 넣었어요)**

보물 낱말을 넣어 짧은 글짓기를 해 볼까요? (예) 나의 가장 큰 보물은 로봇이에요.

보물 :

등교

(뜻) : 학생이 정해진 시간에 학교에 가는 것.
(교과서 예문) 인사하고 등교하기

◉ 낱말을 따라 써 볼까요?

| 등 | 교 | | 등 | 교 | | 등 | 교 | | 등 | 교 | | 등 | 교 | |

◉ ( ) 안의 문장을 빈 칸에 써 볼까요? **(등교 전에 준비물을 챙겨요)**

| | | | | | | | | | | | | |

등교 낱말을 넣어 짧은 글짓기를 해 볼까요? (예) 형이 감기에 걸려서 등교를 못했어요.

등교 :

세균

(뜻) : 동물, 식물을 병들게 하거나 음식을 상하게 하는 작은 생물.
(교과서 예문) 음하하! 우리는 몸에 있는 땀을 먹고 사는 세균이지.

◉ 낱말을 따라 써 볼까요?

| 세 | 균 | | 세 | 균 | | 세 | 균 | | 세 | 균 | | 세 | 균 | |

◉ ( ) 안의 문장을 빈 칸에 써 볼까요? **(손의 세균을 없애야 해요)**

| | | | | | | | | | | | | |

세균 낱말을 넣어 짧은 글짓기를 해 볼까요? (예) 손을 자주 씻어야 나쁜 세균을 없앨 수 있어요.

세균 :

아프다

(뜻) : 몸에 이상이 생겨 통증이 있거나 괴롭다.
(교과서 예문) 몸이 아플 때 어떻게 해야 할까요?

◉ 낱말을 따라 써 볼까요?

| 아 | 프 | 다 | | 아 | 프 | 다 | | 아 | 프 | 다 | | 아 | 프 | 다 | |

◉ ( ) 안의 문장을 빈 칸에 써 볼까요? **(감기에 걸려 몸이 아파요)**

| | | | | | | | | | | | | |

아프다 낱말을 넣어 짧은 글짓기를 해 볼까요? (예) 몸이 많이 아파서 병원에 갔어요.

아프다 :

나

낱말 뜻을 이해하고 낱말의 쓰임을 완벽하게 익혀볼까요?

나 교과서 어휘
수록 교과서 나 2-1

병원놀이 뜻 : 의사나 간호사, 환자 등의 역할을 흉내 내는 놀이.
(교과서 예문) 병원놀이를 해 볼까요?

◉ **낱말을 따라 써 볼까요?**

병	원	놀	이		병	원	놀	이		병	원	놀	이

◉ (　　　) 안의 문장을 빈 칸에 써 볼까요?　**(동생하고 병원놀이를 했어요)**

병원놀이 낱말을 넣어 짧은 글짓기를 해 볼까요? (예) 장난감 청진기로 병원놀이를 하며 놀았어요.

병원놀이 :

꺼이꺼이 (뜻) : 큰 목소리로 서럽게 우는 모양을 나타내는 말. / (교과서 예문) 정말 속상하고
화가 날 때는 그냥 엉엉 울어. 꺼이꺼이 소리 내면서 말이야.

◉ **낱말을 따라 써 볼까요?**

꺼	이	꺼	이		꺼	이	꺼	이		꺼	이	꺼	이

◉ (　　　) 안의 문장을 빈 칸에 써 볼까요?　**(속상해서 꺼이꺼이 울었어요)**

꺼이꺼이 낱말을 넣어 짧은 글짓기를 해 볼까요? (예) 동생이 꺼이꺼이 우는 시늉만 했어요.

꺼이꺼이 :

한바탕 (뜻) : 한 번 일이 크게 벌어진 판.
(교과서 예문) 한바탕 울고 나면 화가 풀려서 속이 시원해지거든.

◉ 낱말을 따라 써 볼까요?

한	바	탕		한	바	탕		한	바	탕		한	바	탕

◉ (   ) 안의 문장을 빈 칸에 써 볼까요?　**(한바탕 울었더니 편안해졌어요)**

한바탕 낱말을 넣어 짧은 글짓기를 해 볼까요? (예) 한바탕 소나기가 쏟아졌어요.

한바탕 :

자라다 (뜻) : 생물이 부분적으로 또는 전체적으로 점점 커지다.
(교과서 예문) 너는 어떻게 자랐니?

◉ 낱말을 따라 써 볼까요?

자	라	다		자	라	다		자	라	다		자	라	다

◉ (   ) 안의 문장을 빈 칸에 써 볼까요?　**(내 키가 쑥쑥 자라고 있어요)**

자라다 낱말을 넣어 짧은 글짓기를 해 볼까요? (예) 봄에 심은 감나무가 무럭무럭 자라고 있어요.

자라다 :

걸음걸이 (뜻) : 걸음을 걷는 모양.
(교과서 예문) 걸음걸이를 바꾸며 놀이를 해 볼까요?

◉ 낱말을 따라 써 볼까요?

걸	음	걸	이		걸	음	걸	이		걸	음	걸	이

◉ (   ) 안의 문장을 빈 칸에 써 볼까요?　**(형의 걸음걸이를 흉내 냈어요)**

걸음걸이 낱말을 넣어 짧은 글짓기를 해 볼까요? (예) 아빠 걸음걸이는 항상 씩씩해요.

걸음걸이 :

더 해보아요

앞에서 공부한 낱말들을 떠올리며 문제를 풀어 볼까요?

1) 문장에 어울리는 낱말을 〈보기〉에서 찾아 (   )에 써 볼까요?

> 보기 :   등교   보물   세균   그림책

(1) 잠자기 전에 엄마하고 함께 (   )을 보면 재미있어요.

(2) 할머니께서 만들어 주신 예쁜 인형은 나의 (   ) 1호예요.

(3) 아침 일찍 일어나 (   )할 준비를 해요.

(4) 음식을 먹기 전에는 손을 깨끗이 씻어 나쁜 (   )을 없애야 해요.

2) 문장에 어울리는 낱말을 (   ) 안에서 골라 O표 해 볼까요?

(1) 배가 (튼튼해서 / 아파서) 병원에 갔어요.

(2) 동생과 의사, 간호사 역할을 정해서 (풍선놀이 / 병원놀이)를 했어요.

(3) 동생이 좋아하는 장난감이 망가졌다며 (방긋방긋 / 꺼이꺼이) 울었어요.

(4) 언니와 과자를 더 먹겠다며 (한바탕 / 살금살금) 다투었어요.

(5) 우리 강아지의 (걸음걸이 / 노랫소리)는 언제나 의젓해요.

3) 밑줄 친 낱말을 알맞게 사용한 친구에게 모두 O표 해 볼까요?

4) 문장에 어울리는 낱말을 찾아 선을 긋고 (   )에 써 볼까요?

(1)봄에 심은 감자가 잘 (   ) 있어요.   ·   ·꺼이꺼이

(2)아침 일찍 일어나 (   ) 준비를 해요.   ·   ·보물

(3)변신 로봇은 제 (   ) 1호예요.   ·   ·등교

(4)동생은 화가 나면 (   ) 울며 떼를 써요.   ·   ·자라고

5) 뜻에 알맞은 낱말이 되도록 (보기)에서 글자를 찾아 써 볼까요?

보기 :   책   교   한   병원   걸

(1) 그림을 많이 넣어 꾸민 어린이용 책. = | 그 | 림 | |

(2) 학생이 정해진 시간에 학교에 가는 것. = | 등 | |

(3) 한 번 일이 크게 벌어진 판. = | | 바 | 탕 |

(4) 의사, 간호사, 환자의 역할을 흉내 내는 놀이. = | | | 놀 | 이 |

(5) 걸음을 걷는 모양. = | | 음 | | 이 |

*앞에서 배운 낱말 중에 잘 알고 있는 것에 O표를 할까요?

(   )그림책 (   )보물 (   )등교 (   )세균 (   )아프다 (   )병원놀이

(   )꺼이꺼이 (   )한바탕 (   )자라다 (   )걸음걸이

*오늘 있었던 일 중에서 낱말 두 가지를 정하여 짧은 글짓기를 해 볼까요?

(예) 꾸중 : 거짓말을 해서 꾸중을 들었어요. 강아지가 벌서는 내 옆을 지켜주었어요.

(1)

(2)

받아쓰기를 해보아요

앞에서 배운 단어를 떠올리며 맞는 낱말에 O표 하고 문장을 따라 써 볼까요?

1) 나는 손가락으로 코를 파는 안 좋은 (습간 / 습관)이 있어요.

2) 내가 다친 것은 친구와 아무 (관계 / 관개)가 없어요.

3) 오늘 이순신 장군에 대해 (자세이 / 자세히) 배웠어요.

4) 친구와 (자릿값 / 자리값) 카드를 만들어 놀았어요.

5) 삼각형은 (꼭지점 / 꼭짓점)이 세 개예요.

6) 상자에 색종이를 (덧붙여서 / 덧붇여서) 그림을 그렸어요.

7) 빨랫줄에 빨래가 (줄줄히 / 줄줄이) 걸려 있어요.

8) 우리 몸에는 엄청나게 많은 (새균 / 세균)이 살아요.

9) 동생하고 (병원놀이 / 병원노리)를 하며 놀았어요.

10) 동생이 아빠 (걸음걸이 / 거름거리)를 흉내 냈어요.

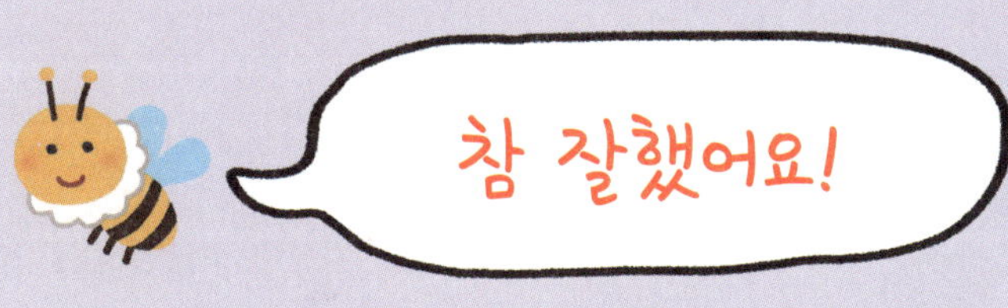

〈어린왕자와 사막여우를 만나러 가요〉
공부한 낱말이 들어간 동화를 읽으며 내용에 맞는 낱말에 O표 해 볼까요?

"오, 오랜만에 탐험가가 찾아왔군! 어서 오너라!"

어린왕자와 사막여우를 본 지리학자는 환호성을 질렀어요.

어린왕자는 당황했지만 1)(자연스럽게 / 자연스럽개) 말을 꺼냈어요.

"여기 올 계획은 없었어요. 새로운 오아시스를 찾으러 2)(게속 / 계속) 길을 가던 중인데…….”

"나는 계획대로 움직이는 사람보다 무작정 도전하는 탐험가를 좋아한단다."

지리학자는 3)(습관 / 습간)처럼 큰 책을 펼쳤어요. 지리학자는 어린왕자와 사막여우에게 새로 발견한 바다, 강, 산, 사막 등에 관한 이야기를 듣고 싶어 조바심이 났어요. 사막여우가 먼저 입을 열었어요.

"우린 주로 사막에서 지내는데 그곳은 사람도 거의 없고, 산이나 바다도 없는 곳이죠. 가끔 선인장을 먹는 낙타를 만나기는 하지만요.”

"좋아. 너희가 본 것들을 4)(말차래 / 말차례)를 정해 차분하게 이야기해 보도록."

"사막의 5)(특징 / 특찡)을 설명할게요. 사막은 꿈속 같아요. 분명히 보았다고 생각한 것도 순식간에 사라지고 낯선 것이 나타나죠.”

사막여우 말에 지리학자는 인상을 찌푸렸어요.

"나는 꿈 이야기를 들으려는 것이 아니다. 사막의 크기와 사막의 깊이, 그런 것들을 6)(자세이 / 자세히) 기록한 자료가 필요해!"

"우리도 꿈 이야기를 하려는 게 아녜요."

어린왕자가 7)(끼여들며 / 끼어들며) 빠르게 말했어요.

"낙타는 입 안에 상처를 입지 않고도 선인장을 먹어요. 입 안의 살갗이 단단해서 날카로운 가시도 뚫을 수 없거든요. 가끔은 8)(시원한 / 쉬원한) 바람이 모래바람을 일으키기도 해요.”

사막여우 설명에 지리학자는 책갈피를 접었어요.

"나는 낙타가 선인장을 먹는 것, 모래바람 따위는 기록하지 않는단다."

"왜요? 낙타가 선인장을 맛있게 먹는 방법은 아주 중요한 일이죠.”

"지리책은 변하지 않는 것만 기록해. 우뚝 솟은 산, 드넓은 바다나 강, 인간이 최초로 발견한 행성, 뭐 그딴 것들만 적지."
지리학자는 화가 나는 걸 간신히 참았어요. 어린왕자와 사막여우가 9)(말놀이 / 말노리)를 하며 장난치는 것 같았거든요.
"나는 너희와 농담을 10)(주고받으며 / 주고밧으며) 놀 만큼 한가하지 않단다. 먼 길을 왔으니 쉬었다가 떠나도록 하라."
지리학자는 말을 11)(덧붙이며 / 덧붙이며) 몸을 일으켰어요.
"다음에는 사라지는 것들에 대한 정보를 갖고 오려거든 아예 오지 말도록!"
"아, 아주 좋은 증거가 있어요."
사막여우가 가방을 열었어요. 가방에서 사진, 기념품, 팸플릿 등 수많은 것들이 12)(줄줄히 / 줄줄이) 나왔어요. 어린왕자와 여행을 다니면서 모아놓은 것들이죠.
"이 사진은 한국 초등학교 교실이고, 이건 민속 마을 사진, 이것은 놀이공원과 동물원 사진, 이것은 세종대왕이 있는 광화문 모습……."
"그래그래! 바로 그거야! 나는 오늘 기가 막힌 것들을 기록할 수 있겠구나!"
지리학자는 사진 13)(가운데 / 가운대)에서 맘에 드는 것들을 챙겼어요.
"이 자료들을 정리하려면 14)(한바탕 / 한바땅) 바쁘겠구나."
지리학자는 접은 책갈피를 펴고 쉬지 않고 글씨를 썼어요.
"지리학자가 꼭 15)(등고 / 등교)해서 열심히 공부하는 학생 같아."
사막여우가 지리학자 16)(걸음걸이 / 걸음거리)를 흉내 내며 웃었어요.
어린왕자가 고개를 갸우뚱했어요.
"사막을 걷는 낙타와 선인장은 먹는 낙타는 왜 기록할 필요가 없을까?"
"다양한 경험과 기록도 소중하다는 걸 왜 모를까? 정말 이해가 안 돼."
사막여우도 정말 이해 못 하겠다는 표정을 지었어요.

(나도 작가) 여러분이 그다음 이야기를 지어 볼까요?

어린왕자 :

____

사막여우 :

〈독해 실력이 쑥쑥쑥〉 

⊙어린왕자와 사막여우 동화로 독해 실력을 높여 볼까요?

1) 지리학자가 어린왕자와 사막여우를 보자마자 한 말은 무엇인가요? (　　)
(1)"오, 오랜만에 탐험가가 찾아왔군! 어서 오너라!"
(2)"너희는 왜 이제야 나타난 것이냐?"
(3)"여우가 왜 여기 왔지?"
(4)"나는 바쁘니까 돌아가라."

2) 어린왕자와 사막여우는 무엇을 찾으러 나섰다가 지리학자를 만났나요? (　　)
(1)놀이공원
(2)산, 바다, 강
(3)선인장을 먹는 낙타
(4)새로운 오아시스

3) 지리학자는 어떤 사람을 좋아한다고 말했나요? (　　)
(1)계획대로 움직이는 사람
(2)무작정 도전하는 탐험가
(4)꿈 이야기를 하는 사람
(5)말을 잘 지어내는 사람

4) 사막여우가 낙타 이야기를 했을 때 지리학자는 어떻게 했나요? (　　)
(1)아주 기뻐하며 기록했다.
(2)책갈피를 접으며 필요 없다고 했다.
(3)사진을 보여 달라고 했다.
(4)어린왕자를 혼냈다.

5) 지리학자가 사진과 기념품을 보고 기뻐한 이유는 무엇이었나요? (　　)
(1)변하지 않는 것이라 기록할 수 있어서
(2)낙타와 선인장이 있어서
(3)사막여우가 찍은 사진이어서
(4)어린왕자가 좋아하는 것이어서

(해답) 1)(1) / 2)(4) / 3)(2) / 4)(2) / 5)(1)

〈문해 실력이 쑥쑥쑥〉

◉어린왕자와 사막여우 동화로 문해 실력을 높여 볼까요?

1) 지리학자가 말한 여기서 '변하지 않는 것'은 어떤 것을 가리킬까요? (   )
 (1)우뚝 솟은 산이나 넓은 바다 같은 것
 (2)사막여우의 우아한 걸음걸이
 (3)낙타가 선인장을 먹는 모습
 (4)사막의 모래바람

2) 어린왕자의 "사막은 꼭 꿈속 같아요."라는 말의 뜻은 무엇일까요? (   )
 (1)사막은 자꾸 변해서 신기하다.
 (2)사막은 너무 지루하다.
 (3)사막은 늘 똑같다.
 (4)사막에서는 꿈만 꿀 수 있다.

3) 지리학자가 낙타와 모래바람은 기록하지 않은 까닭은 무엇일까요? (   )
 (1)재미없는 이야기라서
 (2)사라질 수 있는 것들이라서
 (3)이미 다 알고 있어서
 (4)사막여우가 한 말이어서

4) 사막여우가 가방 속 사진과 기념품을 보여준 까닭은 무엇일까요? (   )
 (1)지리학자에게 선물하려고
 (2)자신이 여행을 많이 했다고 뽐내려고
 (3)지리학자가 원하는 사라지지 않는 것들을 보여 주려고
 (4)지리학자를 약 올리려고

5) 이 이야기에서 알 수 있는 교훈으로 가장 알맞은 것은 무엇일까요? (   )
 (1)변하지 않는 것만 중요하다.
 (2)눈에 보이는 것만 믿어야 한다.
 (3)다양한 경험과 기록도 소중하다.
 (4)여행은 힘들기만 하다.

(해답) 1)(1) / 2)(1) / 3)(2) / 4)(3) / 5)(3)

글을 읽고 어떤 속담이 맞는지 보기에서 골라 빈 칸에 써 볼까요?

보기

- **가는 말이 고와야 오는 말이 곱다.** (내가 남에게 말을 곱게 해야 남도 나에게 곱게 말한다는 뜻)
- **굳은 땅에 물이 고인다.** (무슨 일이든 마음을 굳게 먹고 해야 좋은 결과를 얻는다는 뜻)
- **구르는 돌에는 이끼가 끼지 않는다.** (부지런히 노력하는 사람은 계속 발전한다는 뜻)
- **가난도 스승이다.** (가난이 주는 가르침도 스승과 같은 역할을 한다는 뜻)
- **귀한 구슬은 깊은 물 속에 있다.** (소중하고 귀한 것은 쉽게 얻을 수 없다는 뜻)

고슴도치 '솔이'는 몹시 가난했어요. 솔이는 남들이 맛있는 버섯을 먹을 때, 늘 작은 열매나 풀뿌리만 먹었어요. 하지만 절대 투덜대지 않았어요.
"난 가난해서 산 구석구석 돌아다녀야 배고픔을 면할 수 있어. 덕분에 이 산에 대해 모든 것을 다 알게 되었어. 가난이 나한테 참 많은 것을 가르쳐 주었어."
솔이는 풀뿌리를 맛있게 먹는 방법을 연구했고, 작은 열매 하나도 절대 버리지 않고 알뜰하게 쓰는 지혜를 익혔어요. 심지어 비가 많이 와서 다른 동물들이 먹을 것을 못 찾을 때도 솔이는 미리 마련해 둔 열매 창고 덕분에 배불리 먹었어요.
솔이한테 가난은 정말 좋은 스승이었던 것이죠.

1)

아기 양 '해피'는 누구에게나 친절해요. 하지만 염소 '삐딱'이는 항상 심술궂게 굴어요. 어느 날, 해피와 삐딱이가 꽃밭에서 만났어요. 해피가 활짝 웃으며 "삐딱아, 정말 반가워. 네가 있으니까 꽃이 더 아름다운 것 같아." 하고 말했어요. 갑작스러운 칭찬에 삐딱이는 자신도 모르게 미소를 지었어요. 다음 날, 삐딱이는 다리를 절뚝이는 해피를 보았어요. 삐딱이는 어제 해피의 친절한 말이 떠올랐어요. 그래서 자기도 고운 말을 써 보기로 했어요.
"해피야, 어쩌다 다리를 다친 거야? 내가 집에까지 데려다줄게."
해피는 기뻐하며 몸을 의지했고, 삐딱이는 해피를 부축해 주었어요.

2)

개울에 '멈춤이'와 '데구르' 돌멩이가 살았어요.

멈춤이는 꼼짝않고 햇볕을 쬐며 노는 것을 좋아했어요. 데구르는 물살을 따라 이리저리 굴러다니는 것을 좋아했고요. 시간이 흘러, 멈춤이의 몸에는 두꺼운 초록 이끼가 덕지덕지 끼었어요. 멈춤이는 "내 몸이 점점 무겁고 둔해져서 꼼짝도 할 수가 없어." 하면서 울음을 터뜨렸어요.

데구르는 부지런히 물살을 따라 굴러다니며 아름다운 계곡을 맘껏 여행했어요. "내 몸에 이끼가 안 끼어서 얼마나 좋은지 몰라. 맘대로 굴러다닐 수 있잖아."

갈수록 단단해진 데구르는 어떤 흙과 바위를 만나도 반짝반짝 빛이 났어요.

3) [   ]

산골짜기에 '흐느적'이라는 웅덩이와 '단단이'라는 연못이 있었어요. 흐느적이는 대충 바닥을 파고 웅덩이를 만들었어요. 단단이는 한시도 쉬지 않고 일을 했고요. 그런 단단이를 흐느적은 자꾸만 놀렸어요. "나처럼 대충 연못을 만들어도 물이 잘 찰 텐데 왜 저렇게 바보짓을 하는 거야?"

그럴 때마다 단단이는 "땅이 단단하게 굳지 않으면 절대 물이 고이질 않아." 하면서 일을 멈추지 않았어요. 어느 날, 태풍이 몰아쳤어요. 흐느적이는 쏟아지는 물을 감당하지 못하고 무너져 내렸어요. 결국, 물 한 방울 지키지 못하고 바싹 마르고 말았지요.

반대로 단단이의 굳은 땅의 연못은 맑고 시원한 물이 가득 찼고요.

4) [   ]

아기 해달 '퐁퐁'은 별을 닮은 구슬을 갖고 싶었어요.

그러나 해변을 아무리 뒤져도 평범한 조개껍데기밖에 보이지 않았죠.

실망한 퐁퐁에게 할머니 해달이 말했어요.

"퐁퐁아, 귀한 구슬은 깊고 어두운 물속에 숨어 있단다. 쉽게 얻을 수 있는 것이 아니야."

퐁퐁은 할머니의 말을 듣고 다시 용기를 냈어요. 숨이 차오를 때까지 깊은 바닷속으로 잠수하는 연습을 매일 했어요. 물이 깊어서 무서웠지만, 포기하지 않고 더 깊이, 더 깊이 내려갔지요. 어느 날, 퐁퐁은 아주 깊은 바닷속에서 반짝이는 구슬을 발견했어요.

"만세! 드디어 별을 닮은 구슬을 찾았다! 내가 해냈다!"

5) [   ]

(해답) 1)가난도 스승이다. / 2)가는 말이 고와야 오는 말도 곱다. / 3)구르는 돌에는 이끼가 끼지 않는다. / 4)굳은 땅에 물이 고인다. / 5)귀한 구슬은 깊은 물 속에 있다.

어휘 미리 살펴보기

교과서 어휘력이 문해력의 시작이다!

- 한글의 어휘력 · 독해력 · 문해력을 그만 무시!
- 어휘력 · 독해력 · 문해력 실력은 모든 학업의 기본!
- 어휘력 · 독해력 · 문해력을 해결하려면 낱말 반복 복습부터 시작!
- 초등학교 교과서의 어휘력 · 독해력 · 문해력 해결은 명문대 입학의 지름길!

1회
국어 교과서 어휘

활짝 / 튼튼하다 / 색깔 / 꾸며 주는 말 /
멋있다 / 날리다 / 식물 / 조롱조롱 /
올록볼록 / 고소하다

공부한 날 (　　)월 (　　)일

2회
수학 교과서 어휘

원 / 선택 / 조각 / 앞쪽 / 똑같다 /
마리 / 줄어들다 / 전체 / 값 / 연결

공부한 날 (　　)월 (　　)일

3회

국어 교과서 어휘

낡다 / 구르다 / 들려주다 / 밟다 / 분위기 /
힘내다 / 데굴데굴 / 뚜벅뚜벅 / 따뜻하다 /
발음

공부한 날 ( )월 ( )일

4회

자연 교과서 어휘

자연 / 심다 / 동물 / 동식물 / 반려동물 /
힘차다 / 제때 / 야외 / 황사 / 미세 먼지

공부한 날 ( )월 ( )일

· 더 해보아요
· 받아쓰기를 해보아요
· 어린왕자와 사막여우를 만나러 가요
· 독해력이 쑥쑥쑥
· 문해력이 쑥쑥쑥
· 속담 실력이 쑥쑥쑥

3. 겪은 일을 나타내요

낱말 뜻을 이해하고 낱말의 쓰임을 완벽하게 익혀볼까요?

활짝

(뜻) : 시원스럽게 넓게 펼치거나 열린 모양을 나타낸다.
(교과서 예문) 할아버지께서 나를 보고 활짝 웃으셨다.

◉ **낱말을 따라 써 볼까요?**

| 활 | 짝 | | 활 | 짝 | | 활 | 짝 | | 활 | 짝 | | 활 | 짝 | |

◉ **(   ) 안의 문장을 빈 칸에 써 볼까요?   (마당의 꽃이 활짝 피었어요)**

활짝 낱말을 넣어 짧은 글짓기를 해 볼까요? (예) 아침에 일어나면 창문을 활짝 열어요.

활짝 :

튼튼하다

(뜻) : 물건이 매우 단단하고 약하지 않다. / 다른 뜻 : 몸이 건강함
(교과서 예문) 튼튼한 거북선이 바다에 나간다.

◉ **낱말을 따라 써 볼까요?**

| 튼 | 튼 | 하 | 다 | | 튼 | 튼 | 하 | 다 | | 튼 | 튼 | 하 | 다 | |

◉ **(   ) 안의 문장을 빈 칸에 써 볼까요?   (물건이 튼튼해야 오래 써요)**

튼튼하다 낱말을 넣어 짧은 글짓기를 해 볼까요? (예) 박물관에서 튼튼하게 만든 거북선을 보았어요.

튼튼하다 :

색깔

(뜻) : 물체가 빛을 받을 때 나타내는 빛깔.
(교과서 예문) 우산 색깔을 보고 노란 우산이라고 했어.

◉ **낱말을 따라 써 볼까요?**

| 색 | 깔 | | 색 | 깔 | | 색 | 깔 | | 색 | 깔 | | 색 | 깔 | |

◉ **( ) 안의 문장을 빈 칸에 써 볼까요? (파란 색깔의 바지를 입었어요)**

| | | | | | | | | | | | | | | |

색깔 낱말을 넣어 짧은 글짓기를 해 볼까요? (예) 일곱 색깔의 무지개를 그렸어요.

색깔 :

- -

꾸며 주는 말

(뜻) : 다른 말을 더 예쁘고 자세하게 만들어 주는 말. / (교과서 예문) '예쁜', '활짝'처럼 꾸며 주는 말을 사용하면 꽃을 본 생각이나 느낌을 좀 더 생생하게 표현할 수 있어요.

◉ **낱말을 따라 써 볼까요?**

| 꾸 | 며 | | 주 | 는 | | 말 | | 꾸 | 며 | | 주 | 는 | | 말 |

◉ **( ) 안의 문장을 빈 칸에 써 볼까요? (꾸며 주는 말을 써 보았어요)**

| | | | | | | | | | | | | | | |

꾸며 주는 말 낱말을 넣어 짧은 글짓기를 해 볼까요? (예) '꽃이 활짝'에서 '활짝'은 꾸며 주는 말이에요.

꾸며 주는 말 :

- -

멋있다

(뜻) : 보기에 아주 좋거나 훌륭하다.
(교과서 예문) 멋있는 말이 힘차게 달려 온다.

◉ **낱말을 따라 써 볼까요?**

| 멋 | 있 | 다 | | 멋 | 있 | 다 | | 멋 | 있 | 다 | | 멋 | 있 | 다 |

◉ **( ) 안의 문장을 빈 칸에 써 볼까요? (멋있는 연예인들이 참 많아요)**

| | | | | | | | | | | | | | | |

멋있다 낱말을 넣어 짧은 글짓기를 해 볼까요? (예) 나라를 빛낸 위인들이 참 멋있어요.

멋있다 :

3. 겪은 일을 나타내요

낱말 뜻을 이해하고 낱말의 쓰임을 완벽하게 익혀볼까요?

국어 교과서 어휘
수록 교과서 국어 2-1 ㉮

날리다

(뜻) : 어떤 물체가 바람에 나부끼어 움직이게 하다.
(교과서 예문) 두 명의 아이가 종이비행기를 날린다.

◉ 낱말을 따라 써 볼까요?

| 날 | 리 | 다 | | 날 | 리 | 다 | | 날 | 리 | 다 | | 날 | 리 | 다 |

◉ (   ) 안의 문장을 빈 칸에 써 볼까요?　**(방패연을 날리며 놀았어요)**

| | | | | | | | | | | | | | | |

날리다 낱말을 넣어 짧은 글짓기를 해 볼까요? (예) 하얀 눈이 펄펄 날렸어요.

날리다 :

- -

식물

(뜻) : 풀이나 나무처럼 땅에 심겨 있는 생물.
(교과서 예문) 고소한 땅콩이 열리는 식물의 꽃은 무슨 색인가요?

◉ 낱말을 따라 써 볼까요?

| 식 | 물 | | 식 | 물 | | 식 | 물 | | 식 | 물 | | 식 | 물 |

◉ (   ) 안의 문장을 빈 칸에 써 볼까요?　**(밭에 많은 식물을 심었어요)**

| | | | | | | | | | | | | | | |

식물 낱말을 넣어 짧은 글짓기를 해 볼까요? (예) 우리 형은 식물 박사가 될 거래요.

식물 :

조롱조롱 (뜻) : 열매나 물방울이 많이 매달린 모양.
(교과서 예문) 땅속에서 조롱조롱 열매를 맺었구나.

◉ 낱말을 따라 써 볼까요?

| 조 | 롱 | 조 | 롱 | | 조 | 롱 | 조 | 롱 | | 조 | 롱 | 조 | 롱 | |

◉ (   ) 안의 문장을 빈 칸에 써 볼까요?   **(포도송이가 조롱조롱 열렸어요)**

| | | | | | | | | | | | | | | |

조롱조롱 낱말을 넣어 짧은 글짓기를 해 볼까요? (예) 이슬이 풀잎에 조롱조롱 맺혔어요.

조롱조롱 :

올록볼록 (뜻) : 물체의 면이나 겉이 고르지 않게 높고 낮은 모양.
(교과서 예문) 올록볼록 껍데기 속에는 고소한 땅콩이 들어 있어.

◉ 낱말을 따라 써 볼까요?

| 올 | 록 | 볼 | 록 | | 올 | 록 | 볼 | 록 | | 올 | 록 | 볼 | 록 | |

◉ (   ) 안의 문장을 빈 칸에 써 볼까요?   **(눈이 쌓여 땅이 올록볼록해요)**

| | | | | | | | | | | | | | | |

올록볼록 낱말을 넣어 짧은 글짓기를 해 볼까요? (예) 도넛 모양이 올록볼록 못생겼어요.

올록볼록 :

고소하다 (뜻) : 볶은 참깨나 참기름에서 나는 맛이나 냄새 같은 것.
(교과서 예문) 아버지께서 사 주신 고소한 군밤을 먹었다.

◉ 낱말을 따라 써 볼까요?

| 고 | 소 | 하 | 다 | | 고 | 소 | 하 | 다 | | 고 | 소 | 하 | 다 | |

◉ (   ) 안의 문장을 빈 칸에 써 볼까요?   **(과자가 바삭바삭 고소했어요)**

| | | | | | | | | | | | | | | |

고소하다 낱말을 넣어 짧은 글짓기를 해 볼까요? (예) 고소한 맛의 호두과자를 먹었어요.

고소하다 :

더 해보아요

앞에서 공부한 낱말들을 떠올리며 문제를 풀어 볼까요?

1) 뜻에 알맞은 낱말을 (보기)에서 찾아 (　　)에 써 볼까요?

> 보기 :　　올록볼록　　조롱조롱　　활짝　　식물　　색깔

(1) 시원스럽게 넓게 펼치거나 열린 모양을 나타낸다. (　　　　　)

(2) 물체가 빛을 받을 때 나타내는 빛깔. (　　　　　)

(3) 풀이나 나무처럼 땅에 심겨 있는 생물. (　　　　　)

(4) 열매나 물방울이 많이 매달린 모양. (　　　　　)

(5) 물체의 면이나 겉이 고르지 않게 높고 낮은 모양. (　　　　　)

2) 문장에 어울리는 낱말을 (　　) 안에서 골라 O표 해 볼까요?

(1) 아침마다 운동을 했더니 몸이 (튼튼해지고 / 허약해지고) 힘도 세졌어요.

(2) '활짝' '반짝' '발딱' 등은 (꾸며 주는 말 / 바꿔 주는 말)이에요.

(3) 청바지와 노란 티셔츠를 입었더니 친구들이 (멋있다고 / 초라하다고) 칭찬했어요.

(4) 빨랫줄의 옷이 바람에 (멈추는 / 날리는) 모습이 아름다웠어요.

(5) 바나나로 만든 과자가 (쓰디써서 / 고소해서) 순식간에 다 먹어버렸어요.

3) 문장에 어울리는 낱말을 (　　) 안에서 골라 O표 해 볼까요?

4) 뜻에 알맞은 낱말을 (보기)에서 글자를 찾아 써 볼까요?

보기 :   날   고소   튼튼   멋

(1) 물건이 매우 단단하고 약하지 않다. = ☐☐ 하 다

(2) 보기에 아주 좋거나 훌륭하다. = ☐ 있 다

(3) 어떤 물체가 바람에 나부끼어 움직이게 하다. = ☐ 리 다

(4) 볶은 참깨나 참기름에서 나는 맛이나 냄새 같은 것. = ☐☐ 하 다

5) 빈칸에 들어갈 알맞은 글자를 모두 골라 O표 해 볼까요?

(1) 화단에 봉숭아꽃이 ☐☐ 피었어요. = 활 목 금 짝 말

(2) 무지개 ☐☐ 중에서 보라색이 가장 예뻐요. = 깔 직 확 모 색

(3) 비빔밥에 참기름을 넣었더니 ☐☐ 해요. = 소 시 즐 고 장

*앞에서 배운 낱말 중에 잘 알고 있는 것에 O표를 할까요?

( )활짝 ( )튼튼하다 ( )색깔 ( )꾸며 주는 말 ( )멋있다
( )날리다 ( )식물 ( )조롱조롱 ( )올록볼록 ( )고소하다

*오늘 있었던 일 중에서 낱말 두 가지를 정하여 짧은 글짓기를 해 볼까요?

(예) 사인펜 : 사인펜으로 그림을 그려보았어요. 크레파스로 그릴 때보다 편했어요.

(1)

(2)

2. 여러 가지 도형

낱말 뜻을 이해하고 낱말의 쓰임을 완벽하게 익혀볼까요?

원

(뜻) : 둥글게 그려진 모양이나 형태. / 다른 뜻 : 우리나라의 화폐 단위
(교과서 예문) 그림과 같은 모양의 도형을 원이라고 합니다.

◉ **낱말을 따라 써 볼까요?**

원	원	원	원	원	원	원	원

◉ **(　　) 안의 문장을 빈 칸에 써 볼까요?　(원 모양의 장난감이 많아요)**

원 낱말을 넣어 짧은 글짓기를 해 볼까요? (예) 컵으로 원 모양을 본떠서 그림을 그렸어요.

원 :

선택

(뜻) : 여럿 가운데서 필요한 것을 골라 뽑음.
(교과서 예문) 방법을 선택하여 원을 그려 봅시다.

◉ **낱말을 따라 써 볼까요?**

선	택	선	택	선	택	선	택	선	택

◉ **(　　) 안의 문장을 빈 칸에 써 볼까요?　(제목 선택을 잘 못했어요)**

선택 낱말을 넣어 짧은 글짓기를 해 볼까요? (예) 내가 선택한 동화책은 걸리버 여행기예요.

선택 :

조각

(뜻) : 한 물건에서 따로 떼어내거나 떨어져 나온 작은 부분.
(교과서 예문) 두 조각으로 삼각형을 만들어 보세요.

◉ 낱말을 따라 써 볼까요?

| 조 | 각 | | 조 | 각 | | 조 | 각 | | 조 | 각 | | 조 | 각 | |

◉ (　　) 안의 문장을 빈 칸에 써 볼까요?　**(세모 조각 두 개를 붙였어요)**

| | | | | | | | | | | | | | | |

조각 낱말을 넣어 짧은 글짓기를 해 볼까요? (예) 할머니가 천 조각으로 보자기를 만들었어요.

조각 :

앞쪽

(뜻) : 앞을 향한 방향.
(교과서 예문) 내가 보고 있는 쪽이 앞쪽이고 오른손이 있는 쪽이 오른쪽입니다.

◉ 낱말을 따라 써 볼까요?

| 앞 | 쪽 | | 앞 | 쪽 | | 앞 | 쪽 | | 앞 | 쪽 | | 앞 | 쪽 | |

◉ (　　) 안의 문장을 빈 칸에 써 볼까요?　**(앞쪽을 향해 빠르게 뛰었어요)**

| | | | | | | | | | | | | | | |

앞쪽 낱말을 넣어 짧은 글짓기를 해 볼까요? (예) 교실 앞쪽에 앉으면 칠판이 잘 보여요.

앞쪽 :

똑같다

(뜻) : 무엇과 조금도 서로 다른 데가 없다.
(교과서 예문) 그림과 똑같은 모양으로 쌓기나무를 쌓고, 그 모양을 설명해 보세요.

◉ 낱말을 따라 써 볼까요?

| 똑 | 같 | 다 | | 똑 | 같 | 다 | | 똑 | 같 | 다 | | 똑 | 같 | 다 |

◉ (　　) 안의 문장을 빈 칸에 써 볼까요?　**(형 얼굴은 아빠하고 똑같아요)**

| | | | | | | | | | | | | | | |

똑같다 낱말을 넣어 짧은 글짓기를 해 볼까요? (예) 내 눈은 엄마와 똑같고 코는 아빠와 똑같아요.

똑같다 :

3. 덧셈과 뺄셈

낱말 뜻을 이해하고 낱말의 쓰임을 완벽하게 익혀볼까요?

수학 교과서 어휘
수록 교과서 수학 2-1

마리

(뜻) : 짐승 · 물고기 · 벌레 등의 수를 세는 말.
(교과서 예문) 물고기는 모두 몇 마리인지 구해 보세요.

◉ 낱말을 따라 써 볼까요?

| 마 | 리 | | 마 | 리 | | 마 | 리 | | 마 | 리 | | 마 | 리 | |

◉ (   ) 안의 문장을 빈 칸에 써 볼까요?   **(나비 세 마리가 날고 있어요)**

| | | | | | | | | | | | |

마리 낱말을 넣어 짧은 글짓기를 해 볼까요? (예) 고양이가 새끼 두 마리를 낳았어요.

마리 :

줄어들다

(뜻) : 줄어서 작게 되거나 적어지다.
(교과서 예문) 지구가 더워져서 곰이와 펭이가 살 곳이 줄어들고 있어요.

◉ 낱말을 따라 써 볼까요?

| 줄 | 어 | 들 | 다 | | 줄 | 어 | 들 | 다 | | 줄 | 어 | 들 | 다 | |

◉ (   ) 안의 문장을 빈 칸에 써 볼까요?   **(학생 수가 점점 줄어들어요)**

| | | | | | | | | | | | |

줄어들다 낱말을 넣어 짧은 글짓기를 해 볼까요? (예) 할머니 키가 왜 자꾸 줄어들까요?

줄어들다 :

전체

(뜻) : 무엇의 모든 부분.
(교과서 예문) 28에 더한 수만큼 19에서 빼면 전체 수가 같아져.

◉ 낱말을 따라 써 볼까요?

| 전 | 체 | | 전 | 체 | | 전 | 체 | | 전 | 체 | | 전 | 체 | |

◉ ( ) 안의 문장을 빈 칸에 써 볼까요? **(반 아이 전체가 손을 들어요)**

| | | | | | | | | | | |

전체 낱말을 넣어 짧은 글짓기를 해 볼까요? (예) 동물원에 사는 동물 전체 수가 궁금해요.

전체 :

값

(뜻) : 셈을 해서 나온 수. / 다른 뜻 : 노력한 보람이나 대가
(교과서 예문) ☐의 값을 어떤 방법으로 구할 수 있는지 친구와 이야기해 보세요.

◉ 낱말을 따라 써 볼까요?

| 값 | | 값 | | 값 | | 값 | | 값 | | 값 | | 값 | | 값 |

◉ ( ) 안의 문장을 빈 칸에 써 볼까요? **(4+16의 값을 구했어요)**

| | | | | | | | | | | |

값 낱말을 넣어 짧은 글짓기를 해 볼까요? (예) 병아리 9마리에 3마리를 더한 값은 12가 되어요.

값 :

연결

(뜻) : 물건 · 사실 등이 서로 이어져 있는 것.
(교과서 예문) 나와 친구가 사용한 연결 모형은 모두 몇 개일까?

◉ 낱말을 따라 써 볼까요?

| 연 | 결 | | 연 | 결 | | 연 | 결 | | 연 | 결 | | 연 | 결 | |

◉ ( ) 안의 문장을 빈 칸에 써 볼까요? **(연결 모형의 개수를 세었어요)**

| | | | | | | | | | | |

연결 낱말을 넣어 짧은 글짓기를 해 볼까요? (예) 육지와 섬을 연결하는 다리가 꽤 길어요.

연결 :

더 해보아요

앞에서 공부한 낱말들을 떠올리며 문제를 풀어 볼까요?

1) 뜻에 알맞은 낱말이 되도록 (보기)에서 글자를 찾아 써 볼까요?

보기 :　　연　　앞　　선　　전

(1) 앞을 향한 방향.　　　　　　　　　　= [　] 쪽

(2) 여럿 가운데서 필요한 것을 골라 뽑음.　= [　] 택

(3) 무엇의 모든 부분.　　　　　　　　　= [　] 체

(4) 물건 · 사실 등이 서로 이어져 있는 것.　= [　] 결

2) 뜻에 알맞은 낱말을 글자판에서 찾아 묶고 (　)에 써 볼까요?

(낱말을 가로, 세로 방향으로 찾으면 되어요)

마	리	조	각
값	상	점	똑
우	나	라	같
줄	어	들	다

(1) 무엇과 조금도 서로 다른 데가 없다. (　　　　)

(2) 줄어서 작게 되거나 적어지다. (　　　　)

(3) 짐승 · 물고기 · 벌레 등의 수를 세는 말. (　　　)

(4) 한 물건에서 따로 떼어내거나 떨어져 나온 작은 부분. (　　　)

3) 밑줄 친 낱말을 알맞게 사용한 친구에게 O표 해 볼까요?

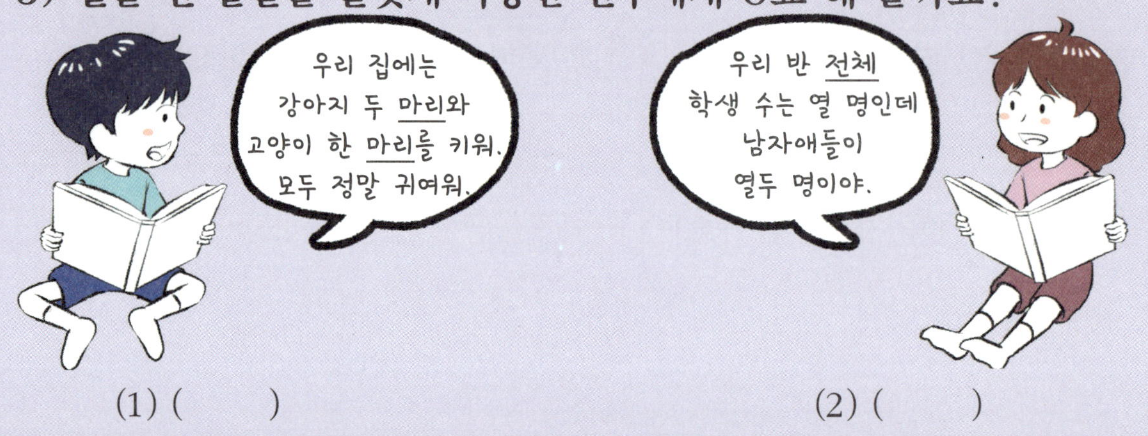

(1) (　　　)　　　　　　　　　　　　　(2) (　　　)

4) 그림을 보고 문장에 어울리는 낱말을 (   ) 안에서 골라 O표 해 볼까요?

(1)

축구공은 (원 / 네모)
모양이다.

(2)

작은 천
(조각 / 모양)으로
보자기를 만들었다.

5) 밑줄 친 낱말의 쓰임이 맞으면 O표, 알맞지 않으면 X표 해 볼까요?

(1)피자 다섯 조각 중에 두 조각을 먹으면 세 조각이 남아요. (   )

(2)장미꽃 두 마리가 있는데, 다섯 마리가 더 피어나면 전체 일곱 마리가 돼요. (   )

(3)사과 한 개 값은 오백 원이고 두 개 값은 천 원이에요. (   )

6) 문장에 어울리는 낱말을 (   ) 안에서 골라 O표 해 볼까요?

(1)우리 골목에는 고양이 여섯 (개 / 마리)가 사이좋게 지내고 있어요.

(2)엄마가 피자를 만들어 주셔서 동생과 두 (마리 / 조각)씩 나눠 먹었어요.

(3)사과 한 박스에는 사과가 (전체 / 일부) 스무 개가 들어 있어요.

(4)장난감 가게에 가면 장난감 한 개만 (선택 / 버림)하기가 참 어려워요.

*앞에서 배운 낱말 중에 잘 알고 있는 것에 O표를 할까요?

(   )원 (   )선택 (   )조각 (   )앞쪽 (   )똑같다 (   )마리
(   )줄어들다 (   )전체 (   )값 (   )연결

*오늘 있었던 일 중에서 낱말 두 가지를 정하여 짧은 글짓기를 해 볼까요?
(예) 동그라미 : 동그라미로 사람 얼굴도 그리고 꽃도 그리고 해도 그렸어요.

(1)

(2)

4. 분위기를 살려 읽어요
낱말 뜻을 이해하고 낱말의 쓰임을 완벽하게 익혀볼까요?

국어 교과서 어휘
수록 교과서 국어 2-1㉮

낡다

(뜻) : 오래되어 헐고 허름하다.
(교과서 예문) '낡은'을 바르게 소리 내어 읽는 것 같아.

◉ **낱말을 따라 써 볼까요?**

낡	다		낡	다		낡	다		낡	다		낡	다

◉ ( ) 안의 문장을 빈 칸에 써 볼까요? **(작년에 입은 옷이 낡았어요)**

낡다 낱말을 넣어 짧은 글짓기를 해 볼까요? (예)양말이 너무 낡아서 구멍이 났어요.

낡다 :

구르다

(뜻) : 바닥이 울리도록 발을 들었다가 힘주어 밟다.
(교과서 예문) 손뼉을 치거나 발을 구르며 읽기

◉ **낱말을 따라 써 볼까요?**

구	르	다		구	르	다		구	르	다		구	르	다

◉ ( ) 안의 문장을 빈 칸에 써 볼까요? **(발을 구르며 응원을 했어요)**

구르다 낱말을 넣어 짧은 글짓기를 해 볼까요? (예) 바닥을 발로 쿵쿵 구르며 소리를 질렀어요.

구르다 :

들려주다 (뜻) : 이야기, 노랫소리 등을 듣게 해주다.
(교과서 예문) 선생님께서 들려주시는 말을 듣고 낱말을 바르게 읽어 봅시다.

◉ **낱말을 따라 써 볼까요?**

| 들 | 려 | 주 | 다 | | 들 | 려 | 주 | 다 | | 들 | 려 | 주 | 다 | |

◉ **( ) 안의 문장을 빈 칸에 써 볼까요? (아빠가 노래를 들려주었어요)**

| | | | | | | | | | | | | |

들려주다 낱말을 넣어 짧은 글짓기를 해 볼까요? (예) 친구에게 오늘 있었던 일을 들려주었어요.

들려주다 :

밟다 (뜻) : 발을 디디고 누르다. / 다른 뜻 : 어떤 일을 위하여 거쳐 나감
(교과서 예문) 눈이 와서 눈을 밟다.

◉ **낱말을 따라 써 볼까요?**

| 밟 | 다 | | 밟 | 다 | | 밟 | 다 | | 밟 | 다 | | 밟 | 다 | |

◉ **( ) 안의 문장을 빈 칸에 써 볼까요? (새하얀 눈을 밟으며 걸었어요)**

| | | | | | | | | | | | | |

밟다 낱말을 넣어 짧은 글짓기를 해 볼까요? (예) 실수로 짝꿍의 발을 밟았어요.

밟다 :

분위기 (뜻) : 어떤 곳에서 느껴지는 독특한 기운이나 기분.
(교과서 예문) 시의 분위기를 생각하며 『바람은 착하지』를 읽어 봅시다.

◉ **낱말을 따라 써 볼까요?**

| 분 | 위 | 기 | | 분 | 위 | 기 | | 분 | 위 | 기 | | 분 | 위 | 기 |

◉ **( ) 안의 문장을 빈 칸에 써 볼까요? (우리 집 분위기는 참 좋아요)**

| | | | | | | | | | | | | |

분위기 낱말을 넣어 짧은 글짓기를 해 볼까요? (예) 글의 분위기를 생각하며 책을 읽었어요.

분위기 :

4. 분위기를 살려 읽어요

낱말 뜻을 이해하고 낱말의 쓰임을 완벽하게 익혀볼까요?

2주차 **3**

힘내다

(뜻) : 어떤 일에 자신감이나 용기를 가지다.
(교과서 예문) "힘내렴!"이라고 할 때 바람은 어떤 마음이었을까요?

◉ 낱말을 따라 써 볼까요?

| 힘 | 내 | 다 | | 힘 | 내 | 다 | | 힘 | 내 | 다 | | 힘 | 내 | 다 |

◉ ( ) 안의 문장을 빈 칸에 써 볼까요? **(우리는 힘내어 응원을 했어요)**

힘내다 낱말을 넣어 짧은 글짓기를 해 볼까요? (예) 아기가 힘내어 첫 걸음마를 뗐어요.

힘내다 :

데굴데굴

(뜻) : 단단하고 둥근 물건이 계속하여 굴러가는 모양.
(교과서 예문) 데굴데굴 길거리에 굴려서는

◉ 낱말을 따라 써 볼까요?

| 데 | 굴 | 데 | 굴 | | 데 | 굴 | 데 | 굴 | | 데 | 굴 | 데 | 굴 |

◉ ( ) 안의 문장을 빈 칸에 써 볼까요? **(야구공이 데굴데굴 굴러갔어요)**

데굴데굴 낱말을 넣어 짧은 글짓기를 해 볼까요? (예) 내 앞으로 축구공이 데굴데굴 굴러왔어요.

데굴데굴 :

뚜벅뚜벅 (뜻) : 발자국 소리를 뚜렷이 내며 걷는 소리나 그 모양.
(교과서 예문) 골목을 걸어 나간다, 뚜벅뚜벅.

◉ 낱말을 따라 써 볼까요?

| 뚜 | 벅 | 뚜 | 벅 | | 뚜 | 벅 | 뚜 | 벅 | | 뚜 | 벅 | 뚜 | 벅 | |

◉ (　　　) 안의 문장을 빈 칸에 써 볼까요?　　**(뚜벅뚜벅 아빠 발걸음 소리)**

| | | | | | | | | | | | | | | |

뚜벅뚜벅 낱말을 넣어 짧은 글짓기를 해 볼까요? (예) 친구가 앞만 보고 뚜벅뚜벅 걸어갔어요.

뚜벅뚜벅 :

따뜻하다 (뜻) : 감정, 태도, 분위기가 정답고 포근하다. / 다른 뜻 : 온도가 알맞게 높음 / (교과서 예문)
바람이 신문지로 어린 민들레꽃을 덮어 주는 장면에서 따뜻한 분위기가 느껴졌어.

◉ 낱말을 따라 써 볼까요?

| 따 | 뜻 | 하 | 다 | | 따 | 뜻 | 하 | 다 | | 따 | 뜻 | 하 | 다 | |

◉ (　　　) 안의 문장을 빈 칸에 써 볼까요?　　**(엄마 목소리는 참 따뜻해요)**

| | | | | | | | | | | | | | | |

따뜻하다 낱말을 넣어 짧은 글짓기를 해 볼까요? (예) 나를 바라보는 친구 눈빛이 따뜻했어요.

따뜻하다 :

발음 (뜻) : 혀, 이, 입술 등을 이용하여 소리를 내는 것.
(교과서 예문) 겹받침의 발음에 주의하며 낱말을 바르게 읽어 봅시다.

◉ 낱말을 따라 써 볼까요?

| 발 | 음 | | 발 | 음 | | 발 | 음 | | 발 | 음 | | 발 | 음 | |

◉ (　　　) 안의 문장을 빈 칸에 써 볼까요?　　**(정확한 발음으로 책을 읽어요)**

| | | | | | | | | | | | | | | |

발음 낱말을 넣어 짧은 글짓기를 해 볼까요? (예) 입이 얼어서 발음이 어려웠어요.

발음 :

더 해보아요

앞에서 공부한 낱말들을 떠올리며 문제를 풀어 볼까요?

1) 뜻에 알맞은 낱말을 (보기)에서 찾아 (   )에 써 볼까요?

> 보기 :   따뜻하다   구르다   밟다   들려주다   힘내다

(1)바닥이 울리도록 발을 들었다가 힘주어 밟다. (   )

(2)이야기, 노랫소리 등을 듣게 해주다. (   )

(3)발을 디디고 누르다. (   )

(4)어떤 일에 자신감이나 용기를 가지다. (   )

(5)감정, 태도, 분위기가 정답고 포근하다. (   )

2) 문장에 어울리는 낱말을 (   ) 안에서 골라 O표 해 볼까요?

(1)운동화가 너무 (낡아서 / 날아서) 새로 샀어요.

(2)가족과 함께 간 식당 (분위기 / 분이기)가 퍽 좋았어요.

(3)아기가 굴린 공이 (대굴대굴 / 데굴데굴) 굴러갔어요.

(4)아빠는 걸음을 (뚜벅뚜벅 / 투벅투벅) 걸어요.

(5)누나의 영어 (발흠 / 발음)은 아주 정확해요.

3) 밑줄 친 낱말의 뜻으로 알맞은 것은 무엇일까요? (   )

(1)감정, 태도, 분위기가 정답고 포근하다.

(2)목소리, 태도 등이 시원한 바람 같다.

(3)무슨 말을 하건 항상 들어준다.

4) 뜻에 알맞은 낱말이 되도록 (보기)에서 글자를 찾아 써 볼까요?

보기 :　　뚜벅　　발　　힘　　분　　데굴

(1) 어떤 일에 자신감이나 용기를 가지다. = ☐ 내 다

(2) 어떤 곳에서 느껴지는 독특한 기운이나 기분. = ☐ 위 기

(3) 단단하고 둥근 물건이 계속하여 굴러가는 모양. = ☐ ☐ 데 굴

(4) 발자국 소리를 뚜렷이 내며 걷는 소리나 그 모양. = ☐ ☐ 뚜 벅

(5) 혀, 이, 입술 등을 이용하여 소리를 내는 것. = ☐ 음

5) 문장에 어울리는 낱말을 찾아 선으로 긋고 (　　)에 번호를 써 볼까요?

(1)동생하고 발을 쿵쿵거리며 걸었어요. 　(　　) ·　　　· ①힘내다

(2)부모님 앞에서 노래를 불렀어요. 　(　　) ·　　　· ②따뜻하다

(3)다리가 아팠지만 용기를 내어 일어났어요. 　(　　) ·　　　· ③구르다

(4)슬플 때 엄마가 안아주면 마음이 편안해져요. (　　) ·　　　· ④들려주다

*앞에서 배운 낱말 중에 잘 알고 있는 것에 O표를 할까요?

(　　)낡다 (　　)구르다 (　　)들려주다 (　　)밟다 (　　)분위기 (　　)힘내다
(　　)데굴데굴 (　　)뚜벅뚜벅 (　　)따뜻하다 (　　)발음

*오늘 있었던 일 중에서 낱말 두 가지를 정하여 짧은 글짓기를 해 볼까요?

(예) 영어 : 누나는 영어를 아주 잘해요. 나도 잘하고 싶은데 잘 안 돼요.

(1)

(2)

자연

낯말 뜻을 이해하고 낯말의 쓰임을 완벽하게 익혀볼까요?

자연 교과서 어휘
수록 교과서 자연 2-1

2주차 4

자연 (뜻) : 사람의 힘이 더해지지 않고 저절로 생겨난 산, 강, 바다, 식물, 동물 따위의 현상.
(교과서 예문) 색을 보고 떠오르는 자연을 그려 볼까요?

⊙ **낯말을 따라 써 볼까요?**

| 자 | 연 | | 자 | 연 | | 자 | 연 | | 자 | 연 | | 자 | 연 | |

⊙ **(   ) 안의 문장을 빈 칸에 써 볼까요?   (우리는 자연을 보호해야 해요)**

자연 낯말을 넣어 짧은 글짓기를 해 볼까요? (예) 우리나라 자연은 참 아름다워요.

자연 :

심다 (뜻) : 풀이나 나무의 뿌리를 땅속에 묻다. / 다른 뜻 : 마음에 확실히 자리 잡게 함
(교과서 예문) 식물을 심고 소중하게 보살피며 길러 볼까요?

⊙ **낯말을 따라 써 볼까요?**

| 심 | 다 | | 심 | 다 | | 심 | 다 | | 심 | 다 | | 심 | 다 | |

⊙ **(   ) 안의 문장을 빈 칸에 써 볼까요?   (흙을 파고 나무를 심었어요)**

심다 낯말을 넣어 짧은 글짓기를 해 볼까요? (예) 아빠가 마당에 감나무를 심었어요.

심다 :

동물

(뜻) : 짐승 · 새 · 벌레 · 물고기 등의 생물.
(교과서 예문) 자연 속에서 어떤 동물과 식물을 만날 수 있을까요?

◉ 낱말을 따라 써 볼까요?

| 동 | 물 | | 동 | 물 | | 동 | 물 | | 동 | 물 | | 동 | 물 | |

◉ (　　) 안의 문장을 빈 칸에 써 볼까요?　**(동물원에는 동물이 참 많아요)**

| | | | | | | | | | | | | |

동물 낱말을 넣어 짧은 글짓기를 해 볼까요? (예) 동생은 동물을 다 좋아해요.

동물 :

동식물

(뜻) : 동물과 식물을 이르는 말.
(교과서 예문) 사람과 자연, 동식물이 어우러져 사는 생태를 탐구한다.

◉ 낱말을 따라 써 볼까요?

| 동 | 식 | 물 | | 동 | 식 | 물 | | 동 | 식 | 물 | | 동 | 식 | 물 |

◉ (　　) 안의 문장을 빈 칸에 써 볼까요?　**(산에는 많은 동식물이 살아요)**

| | | | | | | | | | | | | |

동식물 낱말을 넣어 짧은 글짓기를 해 볼까요? (예) 환경이 오염되면 동식물도 위험해요.

동식물 :

반려동물

(뜻) : 사람이 함께 살며 가까이 두고 기르는 동물.
(교과서 예문) 반려동물을 물건처럼 사지 말고 마음으로 입양해 줘.

◉ 낱말을 따라 써 볼까요?

| 반 | 려 | 동 | 물 | | 반 | 려 | 동 | 물 | | 반 | 려 | 동 | 물 |

◉ (　　) 안의 문장을 빈 칸에 써 볼까요?　**(우리 집 반려동물은 토끼예요)**

| | | | | | | | | | | | | |

반려동물 낱말을 넣어 짧은 글짓기를 해 볼까요? (예)반려동물은 가족처럼 대해야 해요.

반려동물 :

자연

낱말 뜻을 이해하고 낱말의 쓰임을 완벽하게 익혀볼까요?

자연 교과서 어휘
수록 교과서 자연 2-1

2주차 4

힘차다

(뜻) : 씩씩하고 힘이 넘친다.
(교과서 예문) 힘차게 달리며 놀아 볼까요?

◉ 낱말을 따라 써 볼까요?

힘	차	다		힘	차	다		힘	차	다		힘	차	다

◉ (　) 안의 문장을 빈 칸에 써 볼까요?　(우리는 항상 힘차게 노래해요)

| | | | | | | | | | | | | | | | |

힘차다 낱말을 넣어 짧은 글짓기를 해 볼까요? (예) 자전거 페달을 힘차게 밟았어요.

힘차다 :

제때

(뜻) : 정해놓은 그 시각. 알맞은 때.
(교과서 예문) 어항 속 물을 제때 갈아요.

◉ 낱말을 따라 써 볼까요?

제	때		제	때		제	때		제	때		제	때

◉ (　) 안의 문장을 빈 칸에 써 볼까요?　(밥은 제때 챙겨 먹어야 해요)

| | | | | | | | | | | | | | | | |

제때 낱말을 넣어 짧은 글짓기를 해 볼까요? (예) 무슨 일이든 미루지 말고 제때 해야 해요.

제때 :

야외

(뜻) : 집 밖이나 들판.
(교과서 예문) 야외에서 안전하게 지내려면 어떻게 해야 할까요?

◉ **낱말을 따라 써 볼까요?**

| 야 | 외 | | 야 | 외 | | 야 | 외 | | 야 | 외 | | 야 | 외 | |

◉ **(　　) 안의 문장을 빈 칸에 써 볼까요?　(주말에 야외로 소풍 가요)**

| | | | | | | | | | | | | | |

야외 낱말을 넣어 짧은 글짓기를 해 볼까요? (예) 공원에서 야외 음악회가 열렸어요.

야외 :

황사

(뜻) : 바람에 실려서 우리나라로 날아오는 중국 땅의 누런 모래.
(교과서 예문) 황사나 미세 먼지가 많을 때 어떻게 해야 할까요?

◉ **낱말을 따라 써 볼까요?**

| 황 | 사 | | 황 | 사 | | 황 | 사 | | 황 | 사 | | 황 | 사 | |

◉ **(　　) 안의 문장을 빈 칸에 써 볼까요?　(황사 때문에 눈앞이 흐릿해요)**

| | | | | | | | | | | | | | |

황사 낱말을 넣어 짧은 글짓기를 해 볼까요? (예) 황사가 너무 심해서 마스크를 썼어요.

황사 :

미세 먼지

(뜻) : 눈에 보이지 않을 정도로 작고 보드라운 티끌.
(교과서 예문) 황사나 미세 먼지가 많을 때는 가볍게 운동해요.

◉ **낱말을 따라 써 볼까요?**

| 미 | 세 | | 먼 | 지 | | 미 | 세 | | 먼 | 지 | |

◉ **(　　) 안의 문장을 빈 칸에 써 볼까요?　(걸레로 미세 먼지를 닦았어요)**

| | | | | | | | | | | | | | |

미세 먼지 낱말을 넣어 짧은 글짓기를 해 볼까요? (예) 청소기는 미세 먼지도 다 빨아들여요.

미세 먼지 :

더 해보아요

앞에서 공부한 낱말들을 떠올리며 문제를 풀어 볼까요?

1) 뜻에 알맞은 낱말이 되도록 (보기)에서 글자를 찾아 써 볼까요?

> 보기 :   미세 먼지   심다   제때   야외   황사

(1) 풀이나 나무의 뿌리를 땅속에 묻다. = ☐☐

(2) 정해놓은 그 시각. 알맞은 때. = ☐☐

(3) 집 밖이나 들판. = ☐☐

(4) 바람에 실려서 우리나라로 날아오는 중국 땅의 누런 모래. = ☐☐

(5) 눈에 보이지 않을 정도로 작고 보드라운 티끌. = ☐☐ ☐☐

2) 낱말에 맞는 뜻을 찾아 선을 긋고 (   )에 번호를 써 볼까요?

(1)동물　　(　　) ·　　　　　　· ①동물과 식물을 이르는 말.

(2)동식물　(　　) ·　　　　　　· ②사람이 함께 살며 가까이 두고 기르는 동물.

(3)반려동물 (　　) ·　　　　　　· ③저절로 생겨난 산, 강, 바다, 식물, 동물 따위의 현상.

(4)자연　　(　　) ·　　　　　　· ④짐승 · 새 · 벌레 · 물고기 등의 생물.

3) 문장에 어울리는 낱말을 (   ) 안에서 골라 O표 해 볼까요?

(1)텃밭에 (심은 / 뽑은) 상추와 쑥갓이 무럭무럭 자라고 있어요.

(2)나는 (동물 / 식물)이 무서워서 강아지도 못 만져요.

(3)우리 집의 (반려동물 / 반려식물)인 강아지는 가족 같아요.

(4)기차를 타야 하는데 (제때 / 뒤늦게) 도착 못 해서 기차를 놓쳤어요.

4) 문장에 어울리는 낱말을 찾아 선을 긋고 (   )에 번호를 써 볼까요?

(1)오늘도 (   ) 때문에 하늘이 뿌예요. ·   · ①야외

(2)주말에 우리 가족은 (   )로 소풍을 가요. ·   · ②미세 먼지

(3)동물원에서 신기한 (   )을 많이 보았어요. ·   · ③동물

(4)바다에는 많은 (   )이 살고 있어요. ·   · ④동식물

(5)아빠는 고향의 아름다운 (   )을 자랑스러워해요. ·   · ⑤자연

5) 밑줄 친 낱말의 쓰임이 알맞으면 O표, 알맞지 않으며 X표 해 볼까요?

(1)우리가 환경을 보호하지 않으면 수많은 <u>동식물</u>이 사라질 수 있어요. (   )

(2)멸종 위기의 야생 <u>동물</u>은 보호하지 않아도 사라지지 않아요. (   )

(3)우리나라 <u>자연</u>은 우리가 앞장서서 보호해야 해요. (   )

(4)<u>반려동물</u>은 모든 사람이 다 좋아하니까 풀어서 길러도 돼요. (   )

(5)<u>미세 먼지</u>가 심한 날에는 마스크를 쓰는 것이 좋아요. (   )

***앞에서 배운 낱말 중에 잘 알고 있는 것에 O표를 할까요?**

(   )자연 (   )심다 (   )동물 (   )동식물 (   )반려동물

(   )힘차다 (   )제때 (   )야외 (   )황사 (   )미세 먼지

***오늘 있었던 일 중에서 낱말 두 가지를 정하여 짧은 글짓기를 해 볼까요?**

(예) 미세 먼지 : 엄마가 미세 먼지가 심하다며 마스크를 챙겨 주셨어요.

(1)

....

(2)

....

해답 : 1)(1)심다 (2)제때 (3)야외 (4)황사 (5)미세 먼지 / 2)(1)④ (2)① (3)② (4)③ / 3)(1)자연 (2)동물 (3)반려동물 (4)제때 / 4)(1)② (2)① (3)③ (4)④ (5)⑤ / 5)(1)O (2)X (3)O (4)(X) (5)O

앞에서 배운 단어를 떠올리며 맞는 낱말에 O표 하고 문장을 따라 써 볼까요?

1) 나는 크레파스 (색깔 / 색칼) 중에 파란색을 많이 써요.

2) 짝꿍이 입은 옷이 (멋있어서 / 멋이써서) 칭찬해 주었어요.

3) 사탕을 넣은 주머니가 (올록볼록 / 올룩볼룩) 튀어나왔어요.

4) 연극에서 나는 놀부 역할을 (선택 / 선텍)했어요.

5) 우리 반의 학생 수는 (전채 / 전체) 25명이에요.

6) 옷을 오래 입었더니 너무 (낡아서 / 날아서) 버렸어요.

7) 잠든 동생 발을 실수로 (밟아서 / 발바서) 미안했어요.

8) 동생이 공을 (데굴데굴 / 대굴대굴) 굴리며 놀았어요.

9) 친구 중에는 (반려동물 / 반여동물)을 키우는 애가 많아요.

10) 오늘은 (미세 먼지 / 미새 먼지)가 심한 날이에요.

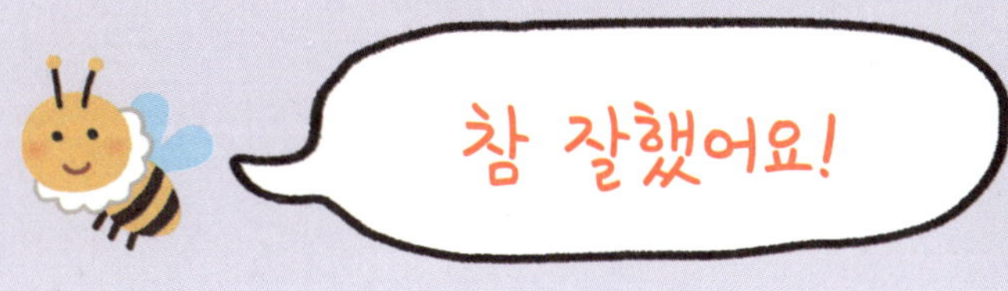

요즘 사막여우는 틈만 나며 자랑하느라고 정신이 없어요.

"나는 세상에서 가장 멋진 여우야. 내 노란 털은 햇살보다 더 눈부시고, 내 우아한 걸음걸이는 1)(멋시어서 / 멋있어서) 모두 정신없이 바라봐."

노란 털을 2)(날리며 / 날이며) 사방을 뛰어다니는 사막여우 모습을 볼 때마다 어린왕자는 한 사람이 떠올랐어요. 지구에 오기 전에 만났던 허영심 많은 남자예요.

어린왕자는 사막여우와 함께 허영쟁이가 사는 별을 찾아갔어요.

"안녕하세요? 아저씨는 여전히 3)(똑같은 / 똑간은) 모자를 쓰고 있군요."

어린왕자는 허영쟁이 아저씨를 만나자 4)(할짝 / 활짝) 웃으며 말했어요.

"몹시 심심했는데 너희가 5)(재떼 / 제때) 찾아왔구나. 어서 두 손을 마주쳐 봐!"

허영쟁이는 인사도 없이 그런 말부터 했어요.

"우린 6)(미세 먼지 / 미새 먼지)가 가득한 사막을 걸어왔어요. 따뜻한 차를 마시고 싶어요."

"심심해서 그래요? 심심하면 7)(반려동물 / 반여동물)이라도 키우면 되잖아요."

어린왕자와 사막여우가 무슨 말을 해도 허영쟁이는 들은 척도 안 했어요.

할 수 없이 어린왕자와 사막여우는 허영쟁이 부탁을 들어주기로 했어요. 짝! 손뼉을 치자 허영쟁이는 모자를 치켜들며 공손히 인사를 했어요.

"아하하, 그렇게 인사하고 싶어서 모자를 쓰는 거예요?"

사막여우는 허영쟁이 모습이 너무 웃겨서 데굴데굴 8)(구르며 / 굴르며) 웃었어요. 그러면서도 손뼉 치기를 멈추지 않았어요. 그럴 때마다 허영쟁이는 모자를 벗어들고 인사를 했고요.

"손뼉 치는 소리는 나를 찬양한다는 뜻이지. 마음껏 나를 찬양하도록 하라."

허영쟁이는 9)(분이기 / 분위기)에 흠뻑 취했어요. 사막여우는 스무 번도 넘게 손뼉을 쳤어요. 차츰 싫증이 난 사막여우가 손뼉 치기를 멈추었어요.

"이젠 내 차례예요. 세상 10)(전채 / 전체)를 통틀어 나보다 멋있는 여우는 없을걸요. 한번 보실래요?"

사막여우는 몸에 잔뜩 힘을 주고 허영쟁이 11)(앞쪽 / 압쪽)으로 걸었어요.

때마침 불어오는 바람에 노란 12)(색깔 / 색칼)의 털이 샛노란 황금빛으로 반짝였어요. 허영쟁이는 모자를 깊숙이 눌러 쓴 채 사막여우를 바라보았어요. 13)(튼튼한 / 튼튼한) 두 다리로 우아하게 걷고 있는 사막여우가 못마땅했거든요.

'사막여우가 잘난 척을 멈출 때까지 기다리자.'

허영쟁이는 14)(울록볼록 / 올록볼록)한 배에 힘을 꽉 주고 차례를 기다렸어요.

하지만 사막여우는 긴 다리로 물구나무를 서거나 꼬리를 휘날리며 자랑을 멈추지 않았어요.

'허영쟁이는 지금 나한테 홀딱 빠져 있어. 저것 봐. 아까부터 꼼짝 않고 나만 바라보잖아.'

사막여우는 그런 생각을 하며 15)(뚜벅뚜벅 / 투벅투벅) 걷거나 펄쩍펄쩍 뛰었어요. 긴 꼬리털을 휘리릭 바람 부는 쪽으로 넘기면서요.

'저 여우는 예의가 전혀 없군. 내 차례를 주질 않아. 그렇다면 할 수 없다.'

그렇게 생각한 허영쟁이는 재빨리 모자를 벗고 인사를 했어요. 사막여우에게 지지 않으려고 16)(힘내어 / 힘네어) 열심히 모자를 썼다가 벗기를 반복했어요.

허영쟁이는 모자를 벗었다 썼다가 하면서 바쁘고, 사막여우는 긴 꼬리를 휘날리며 17)(대굴대굴 / 데굴데굴) 구르느라 바쁘고……. 해가 서산으로 넘어가려고 하는데도 둘의 행동은 멈추질 않았어요.

배가 고팠던 어린왕자는 18)(조롱조롱 / 조롱조롱) 열린 포도를 따 먹으며 둘의 행동을 구경했어요.

어린왕자는 19)(야외 / 야회) 극장에서 공연을 보는 듯한 기분이었어요.

'내가 보기에는 둘 다 재주를 잘 부리는 원숭이 같아.'

어린왕자는 속으로 그런 생각을 했지만, 20)(힘차개 / 힘차게) 환호성을 지르며 손뼉을 쳤어요. 둘 다 몹시 행복해 보였으니까요.

나도 작가) 여러분이 그다음 이야기를 지어 볼까요?

어린왕자 :

____

사막여우 :

<독해 실력이 쑥쑥쑥> 

◉어린왕자와 사막여우 동화로 독해 실력을 높여 볼까요?

1) 어린왕자는 왜 허영심 많은 남자가 떠올랐나요? (　　)
 (1)사막여우가 틈만 나면 자랑하는 모습을 보고
 (2)갑자기 허영심 많은 남자가 그리워서
 (3)살던 별로 떠나기 전에 아는 얼굴을 만나보려고
 (4)허영심 많은 남자에게 사막여우를 자랑하고 싶어서

2) 허영쟁이는 무엇을 할 때 모자를 벗어 인사를 했나요? (　　)
 (1)어린왕자가 노래를 부를 때
 (2)사막여우가 춤을 출 때
 (3)누군가 손뼉을 쳐 줄 때
 (4)배가 고파서 밥을 먹을 때

3) 사막여우는 왜 허영쟁이 앞에서 물구나무를 서고 꼬리를 휘날렸나요? (　　)
 (1)어린왕자를 웃게 해주고 싶어서
 (2)자신이 허영쟁이보다 더 멋있다는 것을 자랑하고 싶어서
 (3)따뜻한 차를 빨리 마시고 싶어서
 (4)허영쟁이의 모자를 떨어뜨리고 싶어서

4) 이 글의 내용과 다른 것을 골라 볼까요? (　　)
 (1)사막여우는 자신의 노란 털을 자랑스러워한다.
 (2)허영쟁이는 다른 사람의 칭찬을 듣고 싶어한다.
 (3)어린왕자는 사막여우와 허영쟁이가 행복해 보인다고 생각한다.
 (4)허영쟁이는 사막여우의 자랑하는 모습을 보고 칭찬해 주었다.

5) 글의 마지막 부분에서 어린왕자는 왜 손뼉을 치며 환호성을 질렀나요? (　　)
 (1)둘의 자랑하는 모습이 너무 재미있어서
 (2)둘 다 몹시 행복해 보였기 때문에
 (3)빨리 집으로 돌아가고 싶어서
 (4)자신도 함께 자랑하고 싶어서

(해답) 1)(1) / 2)(3) / 3)(2) / 4)(4) / 5)(2)

◉어린왕자와 사막여우 동화로 문해 실력을 높여 볼까요?

1) 사막여우는 왜 남들이 자신을 정신없이 바라본다고 생각하나요? (   )
 (1)너무 졸려서
 (2)자신의 노란 털과 우아한 걸음걸이를 부러워해서
 (3)정신이 없어서
 (4)너무 시끄러워서

2) 허영쟁이의 '찬양한다'와 가장 비슷한 뜻을 가진 낱말은 무엇일까요? (   )
 (1)미워한다.
 (2)긱징한다.
 (3)칭찬한다.
 (4)질문한다.

3) 허영쟁이는 어떤 성격인지 잘 설명한 것을 골라 볼까요? (   )
 (1)다른 사람을 먼저 챙겨주는 따뜻한 사람
 (2)부끄러움이 많아 말을 잘 못 하는 사람
 (3)다른 사람에게 칭찬받고 뽐내기를 좋아하는 사람
 (4)조용하고 얌전하게 책 읽기를 좋아하는 사람

**4) 마지막 부분에서 어린왕자가 둘을 위해서 힘차게 손뼉을 치는 모습을 보며
   우리가 배울 점은 무엇일까요? (   )**
 (1)거짓말을 하면 안 된다.
 (2)다른 사람이 행복해 보일 때는 그 마음을 존중해야 한다.
 (3)원숭이를 보면 항상 손뼉을 쳐 줘야 한다.
 (4)친구의 잘못된 점은 꼭 큰 소리로 지적해야 한다.

5) 이 이야기와 어울리는 제목은 무엇일까요? (   )
 (1)남을 즐겁게 해주는 허영쟁이
 (2)허영쟁이와 사막여우 때문에 힘든 어린왕자
 (3)자랑하기 좋아하는 사막여우와 허영쟁이
 (4)사막여우와 어린왕자의 하루

글을 읽고 어떤 속담이 맞는지 보기에서 골라 빈 칸에 써 볼까요?

보기

- **드문드문 걸어도 황소 걸음이다.** (황소 걸음처럼 느리더라도 그것이 오히려 믿음직스럽고 알차다는 뜻)
- **말 한마디로 천 냥 빚도 갚는다.** (친절한 말 한마디로 어려운 일도 해결할 수 있다는 뜻)
- **먼 사촌보다 가까운 이웃이 낫다.** (이웃끼리 친하면 먼 곳의 친척보다 더 잘 지낼 수 있다는 뜻)
- **될성부른 나무는 떡잎부터 알아본다.** (자라서 크게 될 사람은 어릴 때부터 장래성이 엿보인다는 뜻)
- **땅 짚고 헤엄치기.** (일이 의심할 여지 없이 쉽거나 확실하다는 뜻)

아기 다람쥐 '쪼꼬미'는 아주 부지런해요.
친구들은 노느라고 하루해가 짧았지만 쪼꼬미는 매일 나무 조각들을 모으고, 다듬었어요. 부엉이 할아버지는 쪼꼬미를 유심히 관찰했어요.
"저 녀석은 아직 어리지만 훗날 큰 일을 할 거야. 저렇게 뭐든 열심히 하다니!"
쪼꼬미는 친구들이 엉망으로 만든 나무집을 뚝딱뚝딱 고쳤어요. 망가뜨린 다리도 촘촘하게 고쳐놓고요. 먹이 창고도 물이 안 차게 단단하게 수리했어요.
해가 갈수록 숲속 마을에서 쪼꼬미는 없으면 안 될 중요한 존재가 되었어요.
부엉이 할아버지가 쪼꼬미를 칭찬했어요.
"역시 내 눈이 정확했어! 어려서부터 쪼꼬미는 될성부른 나무였다니까!"

1) __________________________

너구리 '달려라'는 뭐든 빨리빨리 해치웠어요. 하지만 황소 '느림보'는 걸음걸이가 느릴 뿐만 아니라 일하는 속도도 아주 느렸죠.
달려라는 느림보를 볼 때마다 "쯧쯧, 저렇게 느려터지다니! 언제 일을 끝낼 거야?" 하며 비웃었어요. 어느 날, 이장님이 숲 너머 마을까지 땔감을 옮기는 일을 맡겼어요.
달려라는 빨랐지만 땔감을 떨어뜨리고, 길에서 낮잠을 자고, 엉망진창으로 일을 했어요. 느림보는 아니었어요. 드문드문 걸었지만 빈틈없이 일을 해냈어요.
"느림보는 드문드문 걷지만 일을 완벽하게 해내는구나!"
이장님은 느림보를 칭찬했어요.

2) __________________________

강가 마을의 오리 '꽥꽥이'는 헤엄치기를 무서워했어요.
친구들이 "오리들한테 헤엄은 땅에서 걷는 것만큼 쉬운 일이야!" 하며
용기를 주었지만, 꽥꽥이는 물가 주변을 빙빙 돌아다닐 뿐이었죠. 그러던 어느 날,
꽥꽥이는 용기를 내어 물속으로 들어갔어요. 발차기 연습을 시작으로 물속에서 오래
참기를 하며 실력을 차츰 키웠어요. 얼마 후, 헤엄치기 경기가 열렸어요.
꽥꽥이를 포함한 모든 오리가 물로 뛰어들었어요. 친구들은 꽥꽥이를 무시했어요.
그런데 물속에서 오래 숨을 참으며 헤엄치는 실력은 꽥꽥이가 일등이었어요.
"역시 오리들한테 헤엄치기는 땅에서 걷는 것만큼 쉬운 일이야!"

3) [   ]

토끼 '정성'이는 아픈 가족을 돌보느라 천 냥이나 되는 빚을
졌어요. 돈을 빌려준 멧돼지 '버럭이'가 찾아와 거친 말로 위협했어요.
"천 냥을 당장 내놔! 빚을 갚지 않으면 이 집을 뺏고 말겠다!"
아픈 가족도 있는데 집까지 빼앗기면 큰일이에요. 하지만 빚 갚을 능력이 전혀 없어요.
"정말 죄송합니다. 빨리 빚을 갚도록 최선을 다할 테니 조금만 기다려 주십시오."
정성이의 진실한 말투와 태도에 버럭이는 크게 감동을 받았어요.
"모두 나를 못된 멧돼지라고 놀리는데 넌 말 한마디로 나를 감동시키는구나.
천 냥 빚은 안 갚아도 된다!"

4) [   ]

아기 여우 '꼬마'는 이웃인 곰 아저씨 '푸근'이와 토끼
아줌마 '쫑긋'을 만나도 인사조차 안 했어요. 오직 도시에 사는 사촌 형제를
만나면 행복하게 잘 지낼 수 있다는 생각만 했어요. 겨울날, 꼬마 집 지붕이 폭삭
내려앉고 말았어요. 꼬마는 울면서 사촌에게 도와달라고 전화를 했어요. 그런데 사촌은
"멀어서 갈 수가 없어. 정말 미안!" 하며 전화를 끊었어요. 추위에 떠는 꼬마를 보고
푸근 아저씨는 지붕을 고쳐주고, 쫑긋 아줌마는 따뜻한 수프를 끓여 주었어요.
"우린 가깝게 사는 이웃이야. 힘든 일이 있으면 당연히 도와야지."
꼬마는 푸근 아저씨와 쫑긋 아줌마의 말에 눈물을 흘리고 말았어요.

5) [   ]

교과서 어휘력이 문해력의 시작이다!

- 한글의 어휘력 · 독해력 · 문해력을 그만 무시!
- 어휘력 · 독해력 · 문해력 실력은 모든 학업의 기본!
- 어휘력 · 독해력 · 문해력을 해결하려면 낱말 반복 복습부터 시작!
- 초등학교 교과서의 어휘력 · 독해력 · 문해력 해결은 명문대 입학의 지름길!

1회
국어 교과서 어휘

의미 / 시끌벅적 / 쉽다 / 연습 / 돌보다 /
낯설다 / 마치다 / 걸음 / 다치다 /
맞장구치다

공부한 날 (　　)월 (　　)일

2회
수학 교과서 어휘

재다 / 어림하다 / 맞대다 / 뼘 / 횟수 /
1cm / 점선 / 차 / 눈금 / 약

공부한 날 (　　)월 (　　)일

3회

국어 교과서 어휘

**수목원 / 보호자 / 공공장소 / 지루하다 /
가족회의 / 초대장 / 대표 / 편지 / 인상 / 형제**

공부한 날 ( )월 ( )일

4회

마을 교과서 어휘

**마을 / 곳곳 / 장수 / 직업 / 악기 /
소식지 / 축제 / 전달하다 / 시설 / 보탬**

공부한 날 ( )월 ( )일

· 더 해보아요
· 받아쓰기를 해보아요
· 어린왕자와 사막여우를 만나러 가요
· 독해력이 쑥쑥쑥
· 문해력이 쑥쑥쑥
· 속담 실력이 쑥쑥쑥

5. 마음을 짐작해요

낱말 뜻을 이해하고 낱말의 쓰임을 완벽하게 익혀볼까요?

국어 교과서 어휘
수록 교과서 국어 2-1 ④

의미

(뜻) : 말이나 글의 뜻.

(교과서 예문) 다른 사람의 마음을 짐작하며 의미가 잘 드러나게 띄어 읽기

⊙ 낱말을 따라 써 볼까요?

의미   의미   의미   의미   의미

⊙ (　　　) 안의 문장을 빈 칸에 써 볼까요?   **(의미가 드러나게 띄어 읽어요)**

의미 낱말을 넣어 짧은 글짓기를 해 볼까요? (예) 의미 없는 말은 하지 말아야 해요.

의미 :

시끌벅적

(뜻) : 많은 사람이 어수선하게 움직이며 시끄럽게 떠드는 모양.

(교과서 예문) 행복 요정이 오솔길을 가는데 시끌벅적한 소리가 들렸어요.

⊙ 낱말을 따라 써 볼까요?

시끌벅적   시끌벅적   시끌벅적

⊙ (　　　) 안의 문장을 빈 칸에 써 볼까요?   **(애들이 시끌벅적 떠들었어요)**

시끌벅적 낱말을 넣어 짧은 글짓기를 해 볼까요? (예) 집안이 웃음소리로 시끌벅적했어요.

시끌벅적 :

쉽다

(뜻) : 어렵지 않다. / (교과서 예문) 문장 **나**처럼 읽으면 문장 **가**처럼 읽을 때보다 문장의 내용을 더 쉽게 이해할 수 있어.

◉ 낱말을 따라 써 볼까요?

쉽	다		쉽	다		쉽	다		쉽	다		쉽	다	

◉ (   ) 안의 문장을 빈 칸에 써 볼까요?   **(수학 문제를 쉽게 풀었어요)**

쉽다 낱말을 넣어 짧은 글짓기를 해 볼까요? (예) 냇물이 얕아서 쉽게 건넜어요.

쉽다 :

연습

(뜻) : 학문이나 기술 등을 되풀이하며 익히는 것. / (교과서 예문) 소영이가 힘들어도 자전거 타는 연습을 열심히 한 까닭은 무엇인가요?

◉ 낱말을 따라 써 볼까요?

연	습		연	습		연	습		연	습		연	습	

◉ (   ) 안의 문장을 빈 칸에 써 볼까요?   **(뭐든 연습하면 실력이 늘어요)**

연습 낱말을 넣어 짧은 글짓기를 해 볼까요? (예) 친구들과 모여 연극 연습을 했어요.

연습 :

돌보다

(뜻) : 관심을 가지고 보살피다.
(교과서 예문) 주영이가 할머니께서 키우시는 강아지를 돌보게 된 까닭은 무엇인가요?

◉ 낱말을 따라 써 볼까요?

돌	보	다		돌	보	다		돌	보	다		돌	보	다

◉ (   ) 안의 문장을 빈 칸에 써 볼까요?   **(강아지 돌보기는 참 재밌어요)**

돌보다 낱말을 넣어 짧은 글짓기를 해 볼까요? (예) 강아지와 고양이를 정성껏 돌보았어요.

돌보다 :

5. 마음을 짐작해요

낱말 뜻을 이해하고 낱말의 쓰임을 완벽하게 익혀볼까요?

국어 교과서 어휘
수록 교과서 국어 2-1 ④

낯설다

(뜻) : 상대와 친하지 않아 어색하다.
(교과서 예문) 며칠 뒤, 콩이가 우리 집에 왔어요. 콩이는 조금 낯선 눈치였어요.

⊙ 낱말을 따라 써 볼까요?

낯	설	다		낯	설	다		낯	설	다		낯	설	다

⊙ (   ) 안의 문장을 빈 칸에 써 볼까요?   **(낯선 사람이 길을 물었어요)**

낯설다 낱말을 넣어 짧은 글짓기를 해 볼까요? (예) 이사 간 집은 모든 게 낯설었어요.

낯설다 :

마치다

(뜻) : 하던 일이나 되어가는 일을 끝내다.
(교과서 예문) 어제 학교를 마치고 집에 가는 길에 넘어진 나를 네가 도와주었잖아.

⊙ 낱말을 따라 써 볼까요?

마	치	다		마	치	다		마	치	다		마	치	다

⊙ (   ) 안의 문장을 빈 칸에 써 볼까요?   **(숙제를 다 마치고 놀았어요)**

마치다 낱말을 넣어 짧은 글짓기를 해 볼까요? (예) 형은 대학을 마치고 취직을 했어요.

마치다 :

걸음

(뜻) : 두 발을 번갈아 옮겨 놓는 동작.
(교과서 예문) 그래서 자꾸만 걸음이 빨라졌지 뭐니?

◉ 낱말을 따라 써 볼까요?

| 걸 | 음 | | 걸 | 음 | | 걸 | 음 | | 걸 | 음 | | 걸 | 음 | |

◉ ( ) 안의 문장을 빈 칸에 써 볼까요?　**(놀라서 한 걸음 물러섰어요)**

| | | | | | | | | | | |

걸음 낱말을 넣어 짧은 글짓기를 해 볼까요? (예) 아빠 걸음은 참 빨라요.

걸음 :

다치다

(뜻) : 맞거나 부딪치거나 하여 상하다.
(교과서 예문) 다친 무릎이 아파서 눈물이 핑 돌았지.

◉ 낱말을 따라 써 볼까요?

| 다 | 치 | 다 | | 다 | 치 | 다 | | 다 | 치 | 다 | | 다 | 치 | 다 |

◉ ( ) 안의 문장을 빈 칸에 써 볼까요?　**(형이 손을 심하게 다쳤어요)**

| | | | | | | | | | | |

다치다 낱말을 넣어 짧은 글짓기를 해 볼까요? (예) 장난을 치다가 넘어져서 무릎을 다쳤어요.

다치다 :

맞장구치다

(뜻) : 남의 말에 옳다고 덩달아 반응해 주는 것.
(교과서 예문) 맞장구치는 말은 상대의 말을 기분 좋게 받아 주는 말이에요.

◉ 낱말을 따라 써 볼까요?

| 맞 | 장 | 구 | 치 | 다 | | 맞 | 장 | 구 | 치 | 다 | |

◉ ( ) 안의 문장을 빈 칸에 써 볼까요?　**(형이 맞장구치며 웃었어요)**

| | | | | | | | | | | |

맞장구치다 낱말을 넣어 짧은 글짓기를 해 볼까요? (예) 맞장구치는 친구가 옆에 있으면 재미있어요.

맞장구치다 :

더 해보아요

앞에서 공부한 낱말들을 떠올리며 문제를 풀어 볼까요?

1) 빈칸에 들어갈 알맞은 글자를 모두 골라 O표 해 볼까요?

(1) 말이나 글의 뜻을 [　][　]라고 해요. = 의　구　나　미　분

(2) 상대와 친하지 않아 어색한 것을 [　][　]라고 해요. = 설　다　끌　낯　적

(3) 학문이나 기술 등을 되풀이하며 익히는 것을 [　][　]이라고 해요. = 연　다　분　구　습

(4) 관심을 가지고 보살피는 것을 [　][　]라고 해요. = 보　돌　이　다　걸

(5) 맞거나 부딪치거나 하여 상한 것은 [　][　][　]라고 해요. = 해　다　볼　치　다

2) 문장에 어울리는 낱말을 (　) 안에서 골라 O표 해 볼까요?

(1) 시장에 갔더니 (시끌벅적 / 조용조용)해서 정신이 하나도 없었어요.

(2) 누나가 영어를 알아듣기 (쉽게 / 어렵게) 가르쳐줘서 금방 배웠어요.

(3) 숙제를 다 (마치고 / 망치고) 밖에 나가 놀았어요.

(4) 할아버지 (걸음 / 거름)은 젊은 사람처럼 씩씩해요.

(5) 내가 이야기를 하자 친구가 (맞장구 / 손장구)치며 웃었어요.

3) 밑줄 친 낱말과 비슷한 낱말을 골라 볼까요? (　)

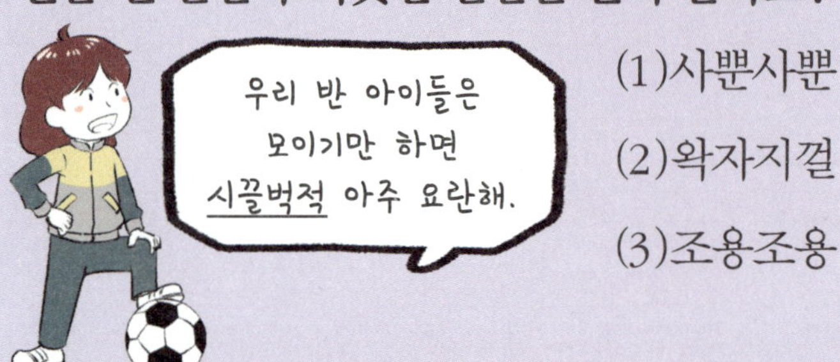

(1) 사뿐사뿐

(2) 왁자지껄

(3) 조용조용

4) 뜻에 알맞은 낱말을 글자판에서 찾아 묶고 (   )에 써 볼까요?

걸	다	낮	시
음	치	설	끌
돌	보	다	벅
의	미	연	적

(낱말을 가로, 세로 방향으로 찾으면 되어요)

(1)상대와 친하지 않아 어색하다. (   )

(2)많은 사람이 어수선하게 움직이며 시끄럽게 떠드는 모양.
(   )

(3)관심을 가지고 보살피다. (   )

(4)말이나 글의 뜻. (   )

5) 문장에 어울리는 낱말을 찾아 선을 긋고 (   )에 써 볼까요?

(1)처음 본 친척이 (   ) 간신히 인사만 했어요. ·   ·①돌보겠다고

(2)엄마한테 동생을 잘 (   ) 약속했어요. ·   ·②낯설어서

(3)실수로 친구 손을 (   )해서 미안했어요. ·   ·③다치게

6) 밑줄 친 낱말의 쓰임이 알맞으면 O표, 알맞지 않으면 X표 해 볼까요?

(1)형이 내 말이 맞다며 <u>맞장구치며</u> 웃었어요. (   )

(2)그림 그리기 숙제를 다 <u>마치고</u> 친구와 놀았어요. (   )

(3)새로 이사 간 집이 너무 <u>낯설어서</u> 참 신났어요. (   )

*앞에서 배운 낱말 중에 잘 알고 있는 것에 O표를 할까요?

(   )의미 (   )시끌벅적 (   )쉽다 (   )연습 (   )돌보다 (   )낯설다
(   )마치다 (   )걸음 (   )다치다 (   )맞장구치다

*오늘 있었던 일 중에서 낱말 두 가지를 정하여 짧은 글짓기를 해 볼까요?

(예) 비빔밥 : 엄마가 비빔밥을 해주셨어요. 야채는 싫은데 비빔밥은 맛있었어요.

(1)

(2)

4. 길이 재기

낱말 뜻을 이해하고 낱말의 쓰임을 완벽하게 익혀볼까요?

수학 교과서 어휘
수록 교과서 수학 2-1

재다

(뜻) : 자나 저울 등으로 크기·길이·양 등을 알아보다.
(교과서 예문) 길이를 어떻게 잴까요?

◉ 낱말을 따라 써 볼까요?

| 재 | 다 | 재 | 다 | 재 | 다 | 재 | 다 | 재 | 다 |

◉ (　　) 안의 문장을 빈 칸에 써 볼까요?　(줄자로 내 키를 재어 봤어요)

| | | | | | | | | | |

재다 낱말을 넣어 짧은 글짓기를 해 볼까요? (예) 엄마가 온도계로 아기 체온을 재었어요.

재다 :

어림하다

(뜻) : 대강 짐작으로 헤아리다.
(교과서 예문) 식물의 길이를 어림해 봐요.

◉ 낱말을 따라 써 볼까요?

| 어 | 림 | 하 | 다 | 어 | 림 | 하 | 다 | 어 | 림 | 하 | 다 |

◉ (　　) 안의 문장을 빈 칸에 써 볼까요?　(남은 거리를 어림해 보았어요)

| | | | | | | | | | | | |

어림하다 낱말을 넣어 짧은 글짓기를 해 볼까요? (예) 어림으로 계산해 보아도 돈이 남았어요.

어림하다 :

맞대다

(뜻) : 서로 가깝게 마주 대하다.
(교과서 예문) 직접 맞대어 비교할 수 없어.

◉ 낱말을 따라 써 볼까요?

| 맞 | 대 | 다 | | 맞 | 대 | 다 | | 맞 | 대 | 다 | | 맞 | 대 | 다 |

◉ (   ) 안의 문장을 빈 칸에 써 볼까요?   **(친구와 어깨를 맞대고 섰어요)**

맞대다 낱말을 넣어 짧은 글짓기를 해 볼까요? (예) 책상 두 개를 맞대어 놓고 공부를 했어요.

맞대다 :

뼘

(뜻) : 엄지손가락과 다른 손가락을 완전히 펴서 벌렸을 때의 길이.
(교과서 예문) 몇 뼘인지 세면서 재어야 해.

◉ 낱말을 따라 써 볼까요?

| 뼘 | 뼘 | 뼘 | 뼘 | 뼘 | 뼘 | 뼘 | 뼘 |

◉ (   ) 안의 문장을 빈 칸에 써 볼까요?   **(키가 한 뼘 정도 자랐어요)**

뼘 낱말을 넣어 짧은 글짓기를 해 볼까요? (예) 아빠 발 길이를 뼘으로 재어보았어요.

뼘 :

횟수

(뜻) : 거듭해서 일어나는 차례나 수.
(교과서 예문) 단위의 길이에 따라 잰 횟수가 어떻게 달라지는지 이야기해 보세요.

◉ 낱말을 따라 써 볼까요?

| 횟 | 수 | | 횟 | 수 | | 횟 | 수 | | 횟 | 수 | | 횟 | 수 |

◉ (   ) 안의 문장을 빈 칸에 써 볼까요?   **(기침하는 횟수가 늘었어요)**

횟수 낱말을 넣어 짧은 글짓기를 해 볼까요? (예) 요즘 군것질하는 횟수가 많이 줄었어요.

횟수 :

4. 길이 재기

낱말 뜻을 이해하고 낱말의 쓰임을 완벽하게 익혀볼까요?

수학 교과서 어휘
수록 교과서 수학 2-1

1cm

(뜻) : 길이의 단위. 1cm는 100분의 1미터이다.
(교과서 예문) 1cm를 알아볼까요

⊙ **낱말을 따라 써 볼까요?**

1	cm		1	cm		1	cm		1	cm		1	cm	

⊙ (　　) 안의 문장을 빈 칸에 써 볼까요?　**(머리카락이 1cm 쯤 자랐어요)**

1cm 낱말을 넣어 짧은 글짓기를 해 볼까요? (예) 아빠가 연필을 1cm 길이로 깎았어요.

1cm :

점선

(뜻) : 점을 줄지어 찍어서 된 선.
(교과서 예문) 주어진 길이만큼 점선을 따라 선을 그어 보세요.

⊙ **낱말을 따라 써 볼까요?**

점	선		점	선		점	선		점	선		점	선

⊙ (　　) 안의 문장을 빈 칸에 써 볼까요?　**(점선을 따라 줄을 그었어요)**

점선 낱말을 넣어 짧은 글짓기를 해 볼까요? (예) 빨간 점선이 그려진 편지 봉투를 샀어요.

점선 :

자

(뜻) : 길이를 재는 데 쓰는 도구.
(교과서 예문) 길이를 잴 때 자를 사용하면 돼!

◉ 낱말을 따라 써 볼까요?

자	자	자	자	자	자	자	자

◉ ( ) 안의 문장을 빈 칸에 써 볼까요?   **(자를 대고 줄을 그었어요)**

자 낱말을 넣어 짧은 글짓기를 해 볼까요? (예) 철사 길이가 자로 잰 듯 정확했어요.

자 :

눈금

(뜻) : 자나 저울 등에 물건의 길이나 무게를 나타내는 금이나 점.
(교과서 예문) 색연필의 다른 쪽 끝에 있는 자의 눈금을 읽습니다.

◉ 낱말을 따라 써 볼까요?

눈금	눈금	눈금	눈금	눈금

◉ ( ) 안의 문장을 빈 칸에 써 볼까요?   **(온도계의 눈금을 읽어 봤어요)**

눈금 낱말을 넣어 짧은 글짓기를 해 볼까요? (예) 나는 눈금이 그려진 줄자를 갖고 있어요.

눈금 :

약

(뜻) : 대강의 뜻으로 어떤 수량에 가까운 정도를 표시하는 말. / 다른 뜻 : 먹거나 바르거나 주사하는 물질 / (교과서 예문) "그럼 장수풍뎅이의 길이는 ……. 약☐cm라고 할 수 있겠네."

◉ 낱말을 따라 써 볼까요?

약	약	약	약	약	약	약	약

◉ ( ) 안의 문장을 빈 칸에 써 볼까요?   **(집까지 약 두 시간 걸렸어요)**

약 낱말을 넣어 짧은 글짓기를 해 볼까요? (예) 문제를 풀고 약 10초 후에 종이 울렸어요.

약 :

더 해보아요

앞에서 공부한 낱말들을 떠올리며 문제를 풀어 볼까요?

1) 낱말의 뜻을 (보기)에서 찾아 사다리를 타고 내려간 곳에 기호를 쓸까요?

> 보기 ㉠자나 저울 등으로 크기·길이·양 등을 알아보다. ㉡대강 짐작으로 헤아리다.
>
> ㉢점을 줄지어 찍어서 된 선. ㉣엄지손가락과 다른 손가락을 완전히 펴서 벌렸을 때의 길이.

| 재다 | 어림하다 | 점선 | 뼘 |

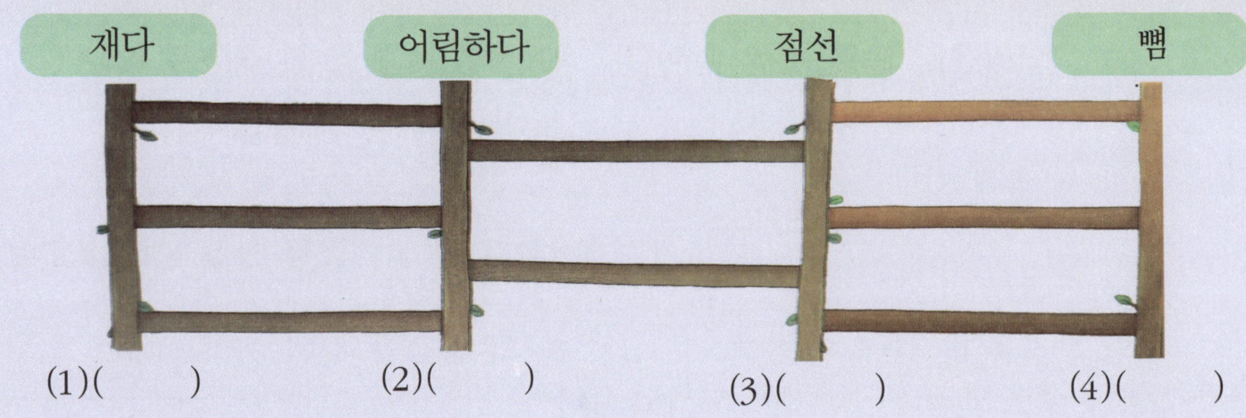

(1)(　　) (2)(　　) (3)(　　) (4)(　　)

2) 문장에 들어갈 알맞은 낱말을 (보기)에서 찾아 (　　)에 써 볼까요?

> 보기 :　약　　맞대어　　눈금　　자　　횟수

(1) 형이 바빠지면서 나랑 놀아주는 (　　　　)가 점점 줄었어요.

(2) 친구와 키를 (　　　　) 보았더니 친구가 조금 컸어요.

(3) 누나가 (　　　　)로 잰 듯 정확하게 종이를 잘랐어요.

(4) 오늘 아침에 온도계의 (　　　　)을 확인해 보았어요.

(5) 오늘 숙제를 다 하려면 (　　　　) 두 시간은 필요해요.

3) 밑줄 친 낱말과 뜻이 반대되는 말은 무엇일까요? (　　)

> 아빠와 어깨를 나란히 <u>맞대고</u> 걸어갔어요.

(1) 떼고　　　　(2) 붙이고　　　　(3) 잇고

4) 밑줄 친 낱말의 쓰임이 맞는 친구는 O표, 틀린 친구는 X표 해 볼까요?

(1)(   )   (2)(   )   (3)(   )

5) 밑줄 친 낱말의 뜻으로 알맞은 것은 무엇일까요? (   )

이번 달에도 지각 횟수가 세 번이나 되었어요.

(1)처음이자 마지막인 경우

(2)언제 끝날지 모르는 순서

(3)앞뒤를 전혀 알 수 없는 차례

(4)거듭해서 일어나는 차례나 수

(5)몇 번째인지 셀 수 없는 경우

*앞에서 배운 낱말 중에 잘 알고 있는 것에 O표를 할까요?

(   )재다 (   )어림하다 (   )맞대다 (   )뼘 (   )횟수

(   )1cm (   )점선 (   )자 (   )눈금 (   )약

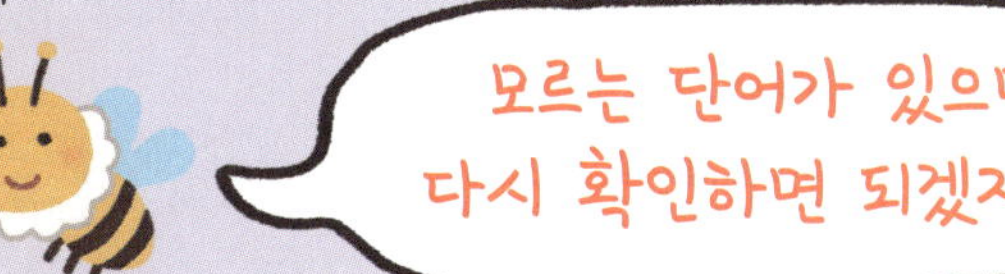

*오늘 있었던 일 중에서 낱말 두 가지를 정하여 짧은 글짓기를 해 볼까요?

(예) 예방 주사 : 병원에 가서 독감 예방 주사를 맞았어요. 아팠지만 울지는 않았어요.

(1)

(2)

해답 : 1)(1)ㄷ (2)ㄹ (3)ㄱ (4)ㄴ / 2)(1)횟수 (2)어림하여 (3)자 (4)곡선 (5)약 / 3)(1) / 4)(1)O (2)X (3)O / 5)(4)

6. 자신의 생각을 표현해요
낱말 뜻을 이해하고 낱말의 쓰임을 완벽하게 익혀볼까요?

수목원

(뜻) : 관찰이나 연구의 목적으로 여러 가지 나무를 수집하여 가꾸는 곳.
(교과서 예문) 수목원의 식물을 소중하게 생각합니다.

◉ **낱말을 따라 써 볼까요?**

수	목	원		수	목	원		수	목	원		수	목	원

◉ ( ) 안의 문장을 빈 칸에 써 볼까요?   **(주말에 수목원을 다녀왔어요)**

수목원 낱말을 넣어 짧은 글짓기를 해 볼까요? (예) 수목원에는 처음 보는 나무가 참 많아요.

수목원 :

보호자

(뜻) : 환자나 노약자처럼 보호받아야 할 사람을 보호하는 사람.
(교과서 예문) 어린이는 보호자와 함께 관람하고 정해진 길로만 다닙니다.

◉ **낱말을 따라 써 볼까요?**

보	호	자		보	호	자		보	호	자		보	호	자

◉ ( ) 안의 문장을 빈 칸에 써 볼까요?   **(나의 보호자는 부모님이에요)**

보호자 낱말을 넣어 짧은 글짓기를 해 볼까요? (예) 어린이는 보호자와 함께 극장에 가야 해요.

보호자 :

공공장소 (뜻) : 여러 사람이 함께 이용하는 곳.

(교과서 예문)『공공장소에서의 예절』을 보고 물음에 답해 봅시다.

◉ 낱말을 따라 써 볼까요?

공	공	장	소		공	공	장	소		공	공	장	소	

◉ (   ) 안의 문장을 빈 칸에 써 볼까요?　**(공공장소 예절을 읽어 봤어요)**

공공장소 낱말을 넣어 짧은 글짓기를 해 볼까요? (예) 공공장소에서 떠들면 안 돼요.

공공장소 :

지루하다 (뜻) : 같은 상태가 계속되어 싫증이 나고 따분하다.

(교과서 예문) 줄넘기를 지루하지 않게 할 수 있는 까닭은 무엇인가요?

◉ 낱말을 따라 써 볼까요?

지	루	하	다		지	루	하	다		지	루	하	다	

◉ (   ) 안의 문장을 빈 칸에 써 볼까요?　**(영화가 재미없고 지루했어요)**

지루하다 낱말을 넣어 짧은 글짓기를 해 볼까요? (예) 공부가 지루하면 하품이 나와요.

지루하다 :

가족회의 (뜻) : 가족이 모여 가정의 중요한 일을 의논하는 회의.

(교과서 예문)『수연이네 가족회의』를 읽고 물음에 답해 봅시다.

◉ 낱말을 따라 써 볼까요?

가	족	회	의		가	족	회	의		가	족	회	의	

◉ (   ) 안의 문장을 빈 칸에 써 볼까요?　**(가족회의로 이사를 결정했어요)**

가족회의 낱말을 넣어 짧은 글짓기를 해 볼까요? (예) 우리 집은 가족회의를 자주 해요.

가족회의 :

6. 자신의 생각을 표현해요

낱말 뜻을 이해하고 낱말의 쓰임을 완벽하게 익혀볼까요?

국어 교과서 어휘
수록 교과서 국어 2-1㉯

초대장

(뜻) : 어떤 모임의 자리에 오기를 부탁하는 내용의 글.
(교과서 예문) 어디에서 온 초대장인가요?

◉ **낱말을 따라 써 볼까요?**

초	대	장		초	대	장		초	대	장		초	대	장

◉ ( ) 안의 문장을 빈 칸에 써 볼까요? **(오늘 생일 초대장을 받았어요)**

초대장 낱말을 넣어 짧은 글짓기를 해 볼까요? (예) 친구가 초대장을 주면 가슴이 설레어요.

초대장 :

대표

(뜻) : 전체의 우두머리로서 권리와 책임을 가진 사람.
(교과서 예문) 지구를 대표해 누가 가면 좋을지 친구들과 이야기해 보세요.

◉ **낱말을 따라 써 볼까요?**

대	표		대	표		대	표		대	표		대	표

◉ ( ) 안의 문장을 빈 칸에 써 볼까요? **(조 별로 대표를 뽑았어요)**

대표 낱말을 넣어 짧은 글짓기를 해 볼까요? (예) 국가 대표 축구팀을 응원했어요.

대표 :

편지

(뜻) : 누구에게 하고 싶은 말을 적어서 보내는 글.
(교과서 예문) **보기** 처럼 별나라에 보낼 편지를 써 보세요.

◉ **낱말을 따라 써 볼까요?**

| 편 | 지 | | 편 | 지 | | 편 | 지 | | 편 | 지 | | 편 | 지 | |

◉ **( ) 안의 문장을 빈 칸에 써 볼까요?   (부모님께 감사 편지를 썼어요)**

| | | | | | | | | | | | |

편지 낱말을 넣어 짧은 글짓기를 해 볼까요? (예) 군대 간 형에게 편지를 보냈어요.

편지 :

인상

(뜻) : 어떤 대상에 대하여 마음속에 새겨지는 느낌. / 다른 뜻 : 물건값, 봉급, 요금 따위를 올림
(교과서 예문) 책의 제목과 책에서 인상 깊은 장면

◉ **낱말을 따라 써 볼까요?**

| 인 | 상 | | 인 | 상 | | 인 | 상 | | 인 | 상 | | 인 | 상 | |

◉ **( ) 안의 문장을 빈 칸에 써 볼까요?   (책 내용이 퍽 인상 깊었어요)**

| | | | | | | | | | | | |

인상 낱말을 넣어 짧은 글짓기를 해 볼까요? (예) 우리 선생님과 엄마의 인상이 비슷해요.

인상 :

형제

(뜻) : 한 부모 밑에서 자라는 남자아이들.
(교과서 예문) 『금덩이를 잃어버린 형제』를 읽어 봅시다.

◉ **낱말을 따라 써 볼까요?**

| 형 | 제 | | 형 | 제 | | 형 | 제 | | 형 | 제 | | 형 | 제 | |

◉ **( ) 안의 문장을 빈 칸에 써 볼까요?   (우리 형제는 사이가 좋아요)**

| | | | | | | | | | | | |

형제 낱말을 넣어 짧은 글짓기를 해 볼까요? (예) 아빠는 형제가 많은 집에서 자랐어요.

형제 :

더 해보아요

앞에서 공부한 낱말들을 떠올리며 문제를 풀어 볼까요?

1) 뜻에 알맞은 낱말을 (보기)에서 찾아 써 볼까요?

> 보기 :　　대표　　수목원　　공공장소　　보호자　　초대장

(1) ______ 관찰이나 연구의 목적으로 여러 가지 나무를 수집하여 가꾸는 곳.

(2) ______ 환자나 노약자처럼 보호받아야 할 사람을 보호하는 사람.

(3) ______ 여러 사람이 함께 이용하는 곳.

(4) ______ 어떤 모임의 자리에 오기를 부탁하는 내용의 글.

(5) ______ 전체의 우두머리로서 권리와 책임을 가진 사람.

2) 빈칸에 들어갈 알맞은 글자를 모두 골라 O표 해 볼까요?

(1) 수학 시간이 ☐☐해서 자꾸만 딴청을 부렸어요. = 물　지　짐　루　화

(2) 우리 집의 중요한 일은 ☐☐ 회의로 결정해요. = 미　가　술　족　물

(3) 할머니 생신날 우리 가족은 ☐☐를 써서 읽어드렸어요. = 기　지　편　위　계

(4) 엄마는 책을 읽다 ☐☐ 깊은 내용은 기록해 놔요. = 인　알　만　상　물

(5) 우리 ☐☐는 싸울 때도 있지만 사이좋게 잘 지내요. = 제　후　우　형　샘

3) 뜻에 알맞은 낱말이 되도록 (보기)에서 글자를 찾아 써 볼까요?

보기 :   초대   회의   인   형

(1) 가족이 모여 가정의 중요한 일을 의논하는 회의. = 가 | 족 | |

(2) 어떤 대상에 대하여 마음속에 새겨지는 느낌. = | 상

(3) 어떤 모임의 자리에 오기를 부탁하는 내용의 글. = | | 장

(4) 한 부모 밑에서 자라는 남자아이들. = | 제

4) 문장에 어울리는 낱말을 (   ) 안에서 골라 O표 해 볼까요?

(1)각종 나무를 구경하려면 (과학관 / 수목원)에 가면 돼요.

(2)영화관이나 미술관 같은 (공공장소 / 놀이공원)에서는 떠들면 안 돼요.

(3)내 생일에 와달라는 (알림장 / 초대장)을 친구들에게 보냈어요.

(4)누나는 가끔씩 (낙서 / 편지)를 써서 엄마한테 드려요.

(5)우리 집은 (이웃 / 형제)가 많아서 아침부터 저녁까지 소란스러워요.

*앞에서 배운 낱말 중에 잘 알고 있는 것에 O표를 할까요?

(   )수목원 (   )보호자 (   )공공장소 (   )지루하다 (   )가족회의

(   )초대장 (   )대표 (   )편지 (   )인상 (   )형제

*오늘 있었던 일 중에서 낱말 두 가지를 정하여 짧은 글짓기를 해 볼까요?

(예) 비행기 : 방학 때 제주도에 가기로 했어요. 비행기를 탈 생각에 가슴이 뛰어요.

(1)

(2)

마을

낱말 뜻을 이해하고 낱말의 쓰임을 완벽하게 익혀볼까요?

마을 교과서 어휘
수록 교과서 마을 교과서 2-1

3주차 4

마을

(뜻) : 주로 시골에서 여러 집이 모여 사는 곳.
(교과서 예문) 숨은 그림을 찾으며 마을 모습을 살펴볼까요?

⊙ **낱말을 따라 써 볼까요?**

| 마 | 을 | | 마 | 을 | | 마 | 을 | | 마 | 을 | | 마 | 을 | |

⊙ **(　　) 안의 문장을 빈 칸에 써 볼까요?**　(우리 마을은 조용한 편이에요)

| | | | | | | | | | | | | |

마을 낱말을 넣어 짧은 글짓기를 해 볼까요? (예) 아빠는 시골 마을에서 자랐어요.

마을 :

곳곳

(뜻) : 여러 곳 또는 이곳저곳.
(교과서 예문) 마을 곳곳에 숨겨진 물건을 나와 함께 찾아볼래?

⊙ **낱말을 따라 써 볼까요?**

| 곳 | 곳 | | 곳 | 곳 | | 곳 | 곳 | | 곳 | 곳 | | 곳 | 곳 | |

⊙ **(　　) 안의 문장을 빈 칸에 써 볼까요?**　(마을 곳곳에 놀이터가 있어요)

| | | | | | | | | | | | | |

곳곳 낱말을 넣어 짧은 글짓기를 해 볼까요? (예) 가는 곳곳마다 사람이 많았어요.

곳곳 :

장수

(뜻) : 장사하는 사람. / 다른 뜻 : 오래도록 사는 것

(교과서 예문) 바구니 소복소복 채소 장수 싱싱한 생선 가득 생선 장수

◉ **낱말을 따라 써 볼까요?**

| 장 | 수 | | 장 | 수 | | 장 | 수 | | 장 | 수 | | 장 | 수 | |

◉ **( )안의 문장을 빈 칸에 써 볼까요? (야채 장수가 엄마를 불렀어요)**

| | | | | | | | | | | | | | | |

장수 낱말을 넣어 짧은 글짓기를 해 볼까요? (예) 소금 장수가 엄마한테 소금을 팔았어요.

장수 :

직업

(뜻) : 생활을 꾸려 나가기 위하여 일정하게 하는 일.

(교과서 예문) 우리 마을에서 찾을 수 있는 직업 중에서 어떤 직업을 체험하고 싶나요?

◉ **낱말을 따라 써 볼까요?**

| 직 | 업 | | 직 | 업 | | 직 | 업 | | 직 | 업 | | 직 | 업 | |

◉ **( )안의 문장을 빈 칸에 써 볼까요? (우리 엄마 직업은 간호사예요)**

| | | | | | | | | | | | | | | |

직업 낱말을 넣어 짧은 글짓기를 해 볼까요? (예) 아빠가 오랫동안 직업을 못 구했어요.

직업 :

악기

(뜻) : 음악을 연주하는 데 쓰는 기구.

(교과서 예문) 마을에 어울리도록 악기로 연주하며 노래해 볼까?

◉ **낱말을 따라 써 볼까요?**

| 악 | 기 | | 악 | 기 | | 악 | 기 | | 악 | 기 | | 악 | 기 | |

◉ **( )안의 문장을 빈 칸에 써 볼까요? (누나는 여러 악기를 다루어요)**

| | | | | | | | | | | | | | | |

악기 낱말을 넣어 짧은 글짓기를 해 볼까요? (예) 나는 악기 중에 피아노가 제일 좋아요.

악기 :

마을

낱말 뜻을 이해하고 낱말의 쓰임을 완벽하게 익혀볼까요?

마을 교과서 어휘
수록 교과서 마을 교과서 2-1

소식지

(뜻) : 새로운 소식을 알리는 책자나 종이.
(교과서 예문) 마을 소식지를 만들어 볼까요?

◉ **낱말을 따라 써 볼까요?**

소	식	지		소	식	지		소	식	지		소	식	지

◉ ( ) 안의 문장을 빈 칸에 써 볼까요? **(학급 소식지를 만들었어요)**

소식지 낱말을 넣어 짧은 글짓기를 해 볼까요? (예) 우편함에 마을 소식지가 꽂혀 있어요.

소식지 :

축제

(뜻) : 많은 사람이 모여 축하 또는 기념하는 행사.
(교과서 예문) 친구들과 함께 마을 축제를 열어 볼까요?

◉ **낱말을 따라 써 볼까요?**

축	제		축	제		축	제		축	제		축	제

◉ ( ) 안의 문장을 빈 칸에 써 볼까요? **(흥겨운 축제 분위기를 즐겨요)**

축제 낱말을 넣어 짧은 글짓기를 해 볼까요? (예) 마을에서 노래 자랑 축제가 열렸어요.

축제 :

전달하다 (뜻) : 무엇을 받게 하다.
(교과서 예문) 계주봉을 전달하며 달려 볼까요?

⊙ **낱말을 따라 써 볼까요?**

| 전 | 달 | 하 | 다 | | 전 | 달 | 하 | 다 | | 전 | 달 | 하 | 다 | |

⊙ **(   ) 안의 문장을 빈 칸에 써 볼까요?   (친구에게 선물을 전달했어요)**

| | | | | | | | | | | | | | | |

전달하다 낱말을 넣어 짧은 글짓기를 해 볼까요? (예) 부모님께 감사패를 전달했어요.

전달하다 :

시설 (뜻) : 많은 사람이 함께 편리하게 쓰도록 만들어 놓은 큰 장치나 도구.
(교과서 예문) 마을 시설을 안전하게 이용해 볼까요?

⊙ **낱말을 따라 써 볼까요?**

| 시 | 설 | | 시 | 설 | | 시 | 설 | | 시 | 설 | | 시 | 설 |

⊙ **(   ) 안의 문장을 빈 칸에 써 볼까요?   (교실 난방 시설이 좋아요)**

| | | | | | | | | | | | | | |

시설 낱말을 넣어 짧은 글짓기를 해 볼까요? (예) 우리 동네 놀이터 시설이 많이 좋아졌어요.

시설 :

보탬 (뜻) : 보태고 더하거나 돕는 일. 또는 그런 것.
(교과서 예문) 마을에 보탬이 되는 일을 찾아 실천하기

⊙ **낱말을 따라 써 볼까요?**

| 보 | 탬 | | 보 | 탬 | | 보 | 탬 | | 보 | 탬 | | 보 | 탬 |

⊙ **(   ) 안의 문장을 빈 칸에 써 볼까요?   (친구에게 보탬이 되고 싶어요)**

| | | | | | | | | | | | | | | |

보탬 낱말을 넣어 짧은 글짓기를 해 볼까요? (예) 전기를 아끼는 것도 살림에 보탬이 돼요.

보탬 :

더 해보아요

앞에서 공부한 낱말들을 떠올리며 문제를 풀어 볼까요?

1) 뜻에 알맞은 낱말을 (보기)에서 찾아 (　)에 써 볼까요?

> 보기 :　　소식지　　시설　　축제　　악기　　마을

(1)주로 시골에서 여러 집이 모여 사는 곳. (　　　　)

(2)음악을 연주하는 데 쓰는 기구. (　　　　)

(3)많은 사람이 모여 축하 또는 기념하는 행사. (　　　　)

(4)많은 사람이 함께 편리하게 쓰도록 만들어 놓은 큰 장치나 도구. (　　　　)

(5)새로운 소식을 알리는 책자나 종이. (　　　　)

2) 문장에 어울리는 낱말을 (　) 안에서 골라 ○표 해 볼까요?

(1)학교 100주년을 축하하기 위하여 큰 (축제 / 경주)가 열렸어요.

(2)'솔밭마을'은 소나무가 많아 지어진 (바다 / 마을) 이름이에요.

(3)학교 (소식지 / 초대장)에는 새로 오신 교장선생님의 인사말이 실렸어요.

3) 뜻에 알맞은 낱말이 되도록 (보기)에서 글자를 찾아 써 볼까요?

> 보기 :　　전　　직　　장　　곳

(1) 여러 곳 또는 이곳저곳.　＝ ☐ 곳

(2) 장사하는 사람.　＝ ☐ 수

(3) 생활을 꾸려 나가기 위하여 일정하게 하는 일.　＝ ☐ 업

(4) 무엇을 받게 하다.　＝ ☐ 달 하 다

4) 뜻에 어울리는 낱말을 찾아 선을 긋고 (   )에 번호를 써 볼까요?

(1)새로운 소식을 알리는 책자나 종이.　　（　　）·　　　　　·①보탬

(2)보태고 더하거나 돕는 일. 또는 그런 것.　（　　）·　　　　　·②소식지

(3)많은 사람이 모여 축하 또는 기념하는 행사. （　　）·　　　　　·③축제

5) 문장에 어울리는 낱말을 (   ) 안에서 골라 O표 해 볼까요?

(1)

(2)

6) 문장에 들어갈 알맞은 낱말을 (보기)에서 찾아 (   )에 써 볼까요?

보기 :　　직업　　축제　　마을

(1)우리 아빠의 (　　　　)은 소방관이에요.

(2)우리 할아버지와 할머니는 같은 (　　　　)에서 태어나셨어요.

(3)어린이날 기념 (　　　　)는 전국 곳곳에서 열려요.

*앞에서 배운 낱말 중에 잘 알고 있는 것에 O표를 할까요?

(　)마을 (　)곳곳 (　)장수 (　)직업 (　)악기 (　)소식지
(　)축제 (　)전달하다 (　)시설 (　)보탬

*오늘 있었던 일 중에서 낱말 두 가지를 정하여 짧은 글짓기를 해 볼까요?

(예) 이발 : 아빠를 따라 이발소에 다녀왔어요. 이발소에는 아저씨들이 많았어요.

(1)

(2)

해답 : 1)(1)마을 (2)악기 (3)축제 (4)시설 (5)소식지 / 2)(1)축제 (2)마을 (3)소식지 / 3)(1)곳 (2)장 (3)직 (4)전 / 4)(1)② (2)① (3)③ / 5)(1)마을 (2)곳곳 / 6)(1)직업 (2)마을 (3)축제

받아쓰기를 해보아요

앞에서 배운 단어를 떠올리며 맞는 낱말에 O표 하고 문장을 따라 써 볼까요?

1) 운동장에 모인 아이들이 (시끌벅적 / 시끌벅쩍) 떠들었어요.

2) 억울하다는 친구의 말에 (맛장구 / 맞장구)를 쳐주었어요.

3) 친구와 얼굴을 (맞대고 / 맛대고) 좋은 방법을 의논했어요.

4) 과학관에 가 본 (햇수/ 횟수)가 열 번도 넘어요.

5) 나무에 관심이 많아서 (수목원 / 수목언)에 자주 가요.

6) 내 생일을 며칠 앞두고 (초대장 / 초데장)을 보냈어요.

7) 동생과 나는 사이좋은 (형제 / 형재)가 되기로 약속했어요.

8) 시장은 가는 (곧곧 / 곳곳)마다 사람이 많았어요.

9) 운동회 날이면 흥겨운 (축제 / 축재)가 벌어져요.

10) 동생 돌보기도 엄마한테 작은 (보템 / 보탬)이 되어요.

(해답) 1)시끌벅적 / 2)맞장구 / 3)맞대고 / 4)횟수 / 5)수목원 / 6)초대장 / 7)형제 / 8)곳곳 / 9)축제 / 10)보탬

어린왕자와 사막여우는 술꾼이 사는 별을 찾아갔어요.

"지금도 계속 술을 마시는지 궁금해서 찾아왔어요. 아직도 술을 마시진 않죠?"

어린왕자는 술꾼을 보자마자 물었어요.

"네가 다녀간 뒤로 몹시 부끄러웠는데 너를 다시 보니 얼굴을 들 수가 없구나."

술꾼은 부끄러워서 고개도 못 들었어요. 그러면서 술잔을 집으려고 했어요. 사막여우가 재빨리 술잔을 빼앗았어요.

"말도 안 돼! 괜히 마시고 싶으니까 엉뚱한 소리 하는 거죠?"

그리고는 의아한 표정으로 다시 물었어요.

"근데 뭐가 부끄럽다는 거죠?"

술꾼은 아무 대답도 못한 채 고개를 푹 숙였어요.

"술 마시는 것이 부끄러운 거야."

술꾼의 딱한 표정을 보며 어린왕자가 대신 대답했어요.

"당신은 1)(형제 / 형재)도 없어요?"

"2)(보오자 / 보호자)가 있으면 술도 덜 마실 텐데……."

어린왕자와 사막여우의 말에 술꾼은 혼잣말처럼 중얼거렸어요.

"모두 잊으려고 마시는 거야. 술 취한 나를 누가 좋아하겠어……."

"당신은 조금도 바뀌지 않았군요. 어떻게 해야 당신 손에서 술병을 떼어놓을 수 있을까요?"

어린왕자가 걱정스러운 표정으로 물었어요.

"난 자랑할 것이 하나도 없어. 부끄러운 일만 산더미야. 술 마시고, 잊으려고 또 마시고…… 다른 일을 찾아보기도 했지만 모두 3)(지루해서 / 지루헤서) 포기했어."

술꾼의 말을 듣던 사막여우가 갑자기 엉뚱한 소리를 했어요.

"이 별은 참 아름다워요. 4)꽃 (장수 / 장사)가 다녀간 것처럼 예쁜 꽃이 많아요. 그렇지?"

사막여우가 어린왕자만 볼 수 있게 눈을 찡긋하며 물었어요.

"나도 그런 생각을 했어. 5)(곳곳 / 곧곧)에 심은 나무들도 참 잘 자랐던데 누구 솜씨죠? 정말 뛰어난 솜씨였어요."

어린왕자도 사막여우를 향해 살짝 웃어 보이며 말했어요.

"술 마시는 6)(횟수 / 햇수)가 많기는 해도 가끔 꽃과 나무를 손보기도 해. 거름도 주고 가지치기도 하고. 그건 아주 쉬운 일이거든."

술꾼은 나무와 꽃을 7)(돌보는 / 돈보는) 일은 별것 아니라는 듯이 말했어요.

"이렇게 훌륭한 재주를 지녔다니! 꼭 8)(수목훤 / 수목원)에 온 것 같아요. 우리 이 별에서 축제를 열면 어떨까요?"

사막여우의 말에 어린왕자가 박자를 맞추었어요.

"오, 정말 멋진 생각인걸. 수목원 같은 별은 여기밖에 없으니까 모두 좋아할걸."

"다른 별에 9)(초테장 / 초대장)을 보내는 거죠."

"10)(편지 / 펀지)도 보내고요!"

"아마 대단한 11)(축재 / 축제)가 될 거예요."

"초대장과 편지는 내가 12)(전달 / 전단)하도록 하죠."

어린왕자와 사막여우는 13)(맏장구 / 맞장구)를 치며 열심히 설명했어요.

술꾼은 넋을 놓고 14)(시끌벅쩍 / 시끌벅적) 떠드는 어린왕자와 사막여우를 바라보았어요. 술밖에 마실 줄 모르는 자신을 이렇게 칭찬하다니!

"꽃과 나무를 가꾸는 직업은 정말 위대해요."

"15)(악기 / 악끼)를 다루는 사람처럼 꽃과 나무로 사람을 기쁘게 해주니까요."

술꾼은 어린왕자와 사막여우 말을 귀담아들었어요.

"축제를 열려면 많은 꽃과 나무를 심어야죠! 우리도 16)(보탬 / 보템)이 될게요!"

"축제는 아주 17)(쉽게 / 쉽개) 성공할 거예요. 근데 축제를 준비하려면 술 마실 틈도 없을 것 같은데 어떻게 하죠?"

어린왕자와 사막여우의 말에 술꾼은 환히 웃으며 대답했어요.

"정신없이 바쁜데 술 마실 틈이 어디 있어? 잠자는 시간도 줄여야겠는걸!"

술꾼은 꽃과 나무를 심으러 갈 채비를 하며 빠르게 말했어요.

(나도 작가) 여러분이 그다음 이야기를 지어 볼까요?

어린왕자 :

____

사막여우 :

<段><독해 실력이 쑥쑥쑥></段>

◉어린왕자와 사막여우 동화로 독해 실력을 높여 볼까요?

1) 어린왕자와 사막여우가 술꾼의 별을 찾아간 이유는 무엇일까요? (　　)

(1)술꾼이 다시 술을 마시고 있는지 확인하려고

(2)술꾼이 직업을 바꿨는지 물어보려고

(3)사막여우가 술꾼을 소개해달라고 해서

(4)술꾼이 사막여우를 만나고 싶어해서

2) 술꾼이 술을 마시는 가장 큰 이유는 무엇이었나요? (　　)

(1)친구들과 즐겁게 어울리기 위해

(2)부끄러움을 잊고 싶어서

(3)축제를 준비하기 위해

(4)꽃과 나무를 돌본 뒤 피곤해서

3) 사막여우가 술꾼에게 일부러 다른 화제를 꺼낸 이유는 무엇일까요? (　　)

(1)술꾼이 술을 계속 마시게 하려고

(2)술꾼이 꽃과 나무를 돌보는 장점을 깨닫게 하려고

(3)어린왕자가 술꾼을 혼내는 것을 막으려고

(4)축제 준비를 빨리 시작하려고

4) 술꾼이 변하게 된 계기는 무엇인가요? (　　)

(1)사막여우가 술잔을 빼앗았기 때문에

(2)어린왕자가 부끄러움을 지적했기 때문에

(3)어린왕자와 사막여우가 그의 재주를 칭찬했기 때문에

(4)술 마시는 것이 귀찮아졌기 때문에

5) 술꾼은 꽃과 나무를 돌보는 일을 어떻게 생각했나요? (　　)

(1)재미없는 일이라고 생각했다.

(2)별것 아닌 일이라고 생각했다.

(3)시간이 아까운 일이라고 생각했다.

(4)어린왕자가 시켜서 한 일이라고 생각했다.

〈해답〉 1)(1) / 2)(2) / 3)(2) / 4)(3) / 5)(2)

〈문해 실력이 쑥쑥쑥〉 

◉어린왕자와 사막여우 동화로 문해 실력을 높여 볼까요?

1) 술꾼이 얼굴을 들 수 없었던 까닭은 무엇인가요? (   )
 (1)어린왕자가 너무 화가 나서
 (2)술을 마시는 것이 부끄러워서
 (3)사막여우가 술잔을 빼앗아서
 (4)초대장을 받지 못해서

**2) 어린왕자와 사막여우가 꽃과 나무를 가꾸는 직업은 정말 위대하다고
  칭찬했을 때, 술꾼의 기분은 어땠나요? (   )**
 (1)화가 났다.
 (2)걱정이 되었다.
 (3)감격스러웠다.
 (4)짜증이 났다.

3) 마침내 술꾼이 술을 끊고 정신없이 하려고 하는 일은 무엇인가요? (   )
 (1)편지를 써서 다른 별로 보내는 일
 (2)꽃과 나무를 더 많이 심고 가꾸는 일
 (3)술을 많이 마셔서 모든 것을 잊는 일
 (4)어린왕자와 함께 다른 별을 찾아가는 일

4) 이 이야기와 어울리는 제목은 무엇일까요? (   )
 (1)술꾼과 어린왕자, 사막여우의 축제 계획
 (2)꽃을 싫어하는 술꾼
 (3)술꾼이 마신 맛있는 술
 (4)어린왕자와 사막여우의 다툼

5) 이 이야기의 교훈으로 가장 알맞은 것은 무엇일까요? (   )
 (1)술 마시는 사람은 미워해야 한다.
 (2)남의 단점보다 장점을 칭찬하면 변화가 일어난다.
 (3)꽃과 나무를 가꾸는 일은 시간 낭비다.
 (4)남의 장점을 칭찬하면 안 된다.

글을 읽고 어떤 속담이 맞는지 보기에서 골라 빈 칸에 써 볼까요?

보기

- **미운 아이 떡 하나 더 준다.** (미울수록 더 정답게 대하여 미운 마음이 사라지게 한다는 뜻)
- **버들가지가 바람에 꺾일까.** (약해 보이는 사람이 오히려 굳세게 잘해 나갈 수 있다는 뜻)
- **백 번 듣는 것이 한 번 보는 것만 못하다.** (눈으로 한 번 보는 것이 말로만 백 번 듣는 것보다 확실하다는 뜻)
- **물이 깊을수록 소리가 없다.** (어질고 생각이 깊은 사람은 잘난 척하지 않는다는 뜻)
- **사람은 얼굴보다 마음이 고와야 한다.** (사람의 겉모습보다는 마음이 더 중요하다는 뜻)

연못가의 개구리 '시끄럼'은 연못의 가장 깊은 곳에 사는 거북이 '고요'를 비웃었어요.
"나는 네가 헤엄치는 걸 한 번도 못 봤어. 넌 헤엄도 못 치는 겁쟁이가 분명해."
그래도 고요는 빙그레 웃을 뿐이었어요. 어느 날, 아기 새가 깊은 연못에 빠졌어요.
"아기 새를 구해야 돼! 얼른 안 구하면 아기 새가 위험해!"
시끄럼은 물가에서만 놀아서 깊은 물 속이 무서웠어요. 그런데 고요가 물 속으로 뛰어 들었어요. 그리고 위험에 빠진 아기 새를 구해냈어요. 시끄럼은 몹시 부끄러웠어요.
"넌 깊은 물처럼 고요한 성격이라 자랑 한 번 안 했던 것인데……. 정말 미안해."
시끄럼은 어질고 생각이 깊은 고요가 존경스러웠어요.

1) ____________________

다람쥐 '착함이'는 항상 이웃을 돕고 친절했어요.
청설모 '심술이'는 힘없는 다람쥐를 괴롭혔고요. 모두 심술이를 혼내줄 기회만 엿보았어요. 하지만 착함이는 달랐어요. 따끈따끈한 도토리 떡 두 개를 들고 심술이를 찾아갔어요.
"심술아, 너랑 같이 먹으면 더 맛있을 것 같아서 가져왔어. 우리 맛있게 먹자."
놀란 심술이가 "모두 나를 미워하는데 왜 너는 떡까지 가져다주는 거야?" 하고 물었어요.
"넌 본래 착해. 그런데 사람들이 그걸 몰라주니까 자꾸 심술맞은 짓만 하는 거잖아."
그 말에 심술이는 착함이가 고마워서 눈물을 흘리고 말았어요.

2) ____________________

어느 날 도토리나무 '도도'가 다람쥐 '토토'에게 말했어요.
"토토야, 숲속에 보물이 가득한 동굴이 있다고 해. 넌 용기만 내면 얼마든지
가 볼 수 있잖아. 늑대가 있다지만 미리 겁부터 낼 필요는 없을 것 같아."
도도는 토토에게 그런 말을 백 번도 넘게 되풀이했어요. 토토는 그 말을 믿지 않았어요.
그러던 어느 날, 마침내 토토는 길을 나섰어요. 도도 말이 사실인지 직접 확인하려고요.
산은 몹시 험했어요. 무서운 맹수를 만나기도 했지만 포기하지 않았어요. 몇 날 며칠이
흐르고 드디어 토토는 보물이 가득한 동굴을 찾았어요. 토토는 환호성을 질렀어요.
"백 번 들었을 때는 못 믿겠더니 내 눈으로 직접 확인하니까 진짜라는 걸 알겠어!"

3)

갈참나무 '단단'이는 바람이 불어도 꼿꼿한 허리를
굽히지 않았어요. 버드나무 '살랑이'는 바람이 불 때마다 부드럽게 몸을
흔들었고요. 단단이는 살랑이가 바보 같아서 "무슨 나무가 바람만 불면 제멋대로
흔들릴까? 참 멋없는 나무라니까!" 하고 놀렸어요. 어느 날, 무서운 태풍이 닥쳤어요.
단단이는 강한 바람에 맞서려 애쓰다가 우지끈! 부러지고 말았어요. 살랑이는 바람에
몸을 맡기며 부드럽게 휘어지기를 거듭했어요. 바람이 왼쪽으로 밀면 왼쪽으로,
오른쪽으로 밀면 오른쪽으로 몸을 숙였지요. 마침내 태풍이 지나가고, 단단이는
심하게 다쳤지만, 살랑이는 아무 상처 없이 따뜻한 햇살을 즐겼어요.

4)

여우 '여여'는 아름다운 털을 가졌지만, 늘 남을 무시하고
깔봤어요. 곰 '친절이'는 투박하고 평범하게 생겼지만 모두에게 친절했고요.
어느 날, 숲속에서 아름다운 동물을 뽑는 잔치가 열렸어요. 친절이는 꾸밈없이
참석했고, 여여는 온갖 치장을 다 하고 참석했어요. 여여는 "숲속에 나보다 예쁜 동물은
없으니까 당연히 내가 일등이지." 하고 자신만만해 했어요. 하지만 현명한 부엉이
할아버지는 친절이에게 상을 주었어요. 화가 난 여여가 따졌어요.
"이 숲에서 나보다 더 예쁜 동물은 없어요. 근데 왜 저 못생긴 친절이가 뽑힌 거죠?"
"네 예쁜 얼굴로는 남을 도울 수 없지만, 친절이의 고운 마음씨는 모두에게
행복을 준단다."

5)

어휘 미리 살펴보기

교과서 어휘력이 문해력의 시작이다!

- 한글의 어휘력 · 독해력 · 문해력을 그만 무시!
- 어휘력 · 독해력 · 문해력 실력은 모든 학업의 기본!
- 어휘력 · 독해력 · 문해력을 해결하려면 낱말 반복 복습부터 시작!
- 초등학교 교과서의 어휘력 · 독해력 · 문해력 해결은 명문대 입학의 지름길!

1회
국어 교과서 어휘

잃어버리다 / 고운 말 / 망치다 / 미안하다 /
사과하다 / 조심하다 / 넙죽거리다 /
전하다 / 자랑스럽다 / 같다

공부한 날 (　　)월 (　　)일

2회
수학 교과서 어휘

기준 / 필요하다 / 분류 / 주어지다 /
빠뜨리다 / 묶다 / 배 / 문제 / 주사위 / 텃밭

공부한 날 (　　)월 (　　)일

3회

국어 교과서 어휘

작품 / 사용법 / 장소 / 까딱 / 휘두르다 / 세차다 / 신호 / 현관 / 오누이 / 아우

공부한 날 ( )월 ( )일

4회

세계 교과서 어휘

전통 / 의상 / 자랑거리 / 명절 / 지구촌 / 식중독 / 예방 / 태풍 / 감염병 / 접촉

공부한 날 ( )월 ( )일

- 더 해보아요
- 받아쓰기를 해보아요
- 어린왕자와 사막여우를 만나러 가요
- 독해력이 쑥쑥쑥
- 문해력이 쑥쑥쑥
- 속담 실력이 쑥쑥쑥

7. 마음을 담아서 말해요

낱말 뜻을 이해하고 낱말의 쓰임을 완벽하게 익혀볼까요?

잃어버리다 (뜻) : 가지고 있던 물건이 없어져서 더 이상 갖지 못하다. / 다른 뜻 : 관계가 끊어지거나 헤어짐

(교과서 예문) 서준이가 교실에서 지우개를 잃어버려 찾고 있는 것을 본 적이 있어.

◉ **낱말을 따라 써 볼까요?**

잃	어	버	리	다		잃	어	버	리	다			

◉ **( ) 안의 문장을 빈 칸에 써 볼까요? (길에서 돈을 잃어버렸어요)**

잃어버리다 낱말을 넣어 짧은 글짓기를 해 볼까요? (예) 교실에서 잃어버린 연필을 찾았어요.

잃어버리다 :

고운 말 (뜻) : 듣기 좋고 친절한 말.

(교과서 예문) 다른 사람의 마음을 생각하며 고운 말로 대화하기

◉ **낱말을 따라 써 볼까요?**

고	운		말		고	운		말		고	운		말

◉ **( ) 안의 문장을 빈 칸에 써 볼까요? (바른 말 고운 말은 중요해요)**

고운 말 낱말을 넣어 짧은 글짓기를 해 볼까요? (예) 고운 말을 쓰는 사람은 마음씨도 좋아요.

고운 말 :

망치다 (뜻) : 일을 그르치어 못 쓰게 만들다. / 다른 뜻 : 집안, 나라 따위를 망하게 함
(교과서 예문) 내가 정성껏 그린 그림을 망치다니 정말 화가 나.

◉ 낱말을 따라 써 볼까요?

망	치	다		망	치	다		망	치	다		망	치	다

◉ (   ) 안의 문장을 빈 칸에 써 볼까요? **(내 그림을 동생이 망쳤어요)**

망치다 낱말을 넣어 짧은 글짓기를 해 볼까요? (예) 친구와 쌓은 모래성을 내 실수로 망쳐 버렸어요.

망치다 :

미안하다 (뜻) : 괴로움이나 폐를 끼쳐 마음이 불편하고 거북하다.
(교과서 예문) 미안하다고 했는데 내가 너무 화를 냈나?

◉ 낱말을 따라 써 볼까요?

미	안	하	다		미	안	하	다		미	안	하	다

◉ (   ) 안의 문장을 빈 칸에 써 볼까요? **(동생을 때려서 많이 미안해요)**

미안하다 낱말을 넣어 짧은 글짓기를 해 볼까요? (예) 속인 것이 미안해서 고개도 못 들었어요.

미안하다 :

사과하다 (뜻) : 잘못을 인정하고 용서를 빌다.
(교과서 예문) 남자아이가 먼저 소리 질러서 미안하다고 사과하면 어떨까?

◉ 낱말을 따라 써 볼까요?

사	과	하	다		사	과	하	다		사	과	하	다

◉ (   ) 안의 문장을 빈 칸에 써 볼까요? **(솔직하게 잘못을 사과했어요)**

사과하다 낱말을 넣어 짧은 글짓기를 해 볼까요? (예) 잘못을 정중하게 사과하고 용서를 빌었어요.

사과하다 :

7. 마음을 담아서 말해요

낱말 뜻을 이해하고 낱말의 쓰임을 완벽하게 익혀볼까요?

4주차

조심하다

(뜻) : 잘못이나 실수가 없도록 말이나 행동에 마음을 쓰다. / (교과서 예문) 그림 **다**에서는 "물이 튀지 않게 조심해 주면 안 될까?"라고 말할 수 있어요.

◉ **낱말을 따라 써 볼까요?**

| 조 | 심 | 하 | 다 | | 조 | 심 | 하 | 다 | | 조 | 심 | 하 | 다 | |

◉ (   ) 안의 문장을 빈 칸에 써 볼까요? **(도자기를 조심해서 옮겼어요)**

| | | | | | | | | | | | | | | |

조심하다 낱말을 넣어 짧은 글짓기를 해 볼까요? (예) 감기에 걸리지 않게 항상 조심했어요.

조심하다 :

넙죽거리다

(뜻) : 말대답을 하거나 무엇을 받아먹으려 입을 벌렸다 닫았다 하다. / 다른 뜻 : 바닥에 크게 엎드림 / (교과서 예문) 메기는 커다란 입을 넙죽거리며 붕어 곁으로 다가갔습니다.

◉ **낱말을 따라 써 볼까요?**

| 넙 | 죽 | 거 | 리 | 다 | | 넙 | 죽 | 거 | 리 | 다 | | | | |

◉ (   ) 안의 문장을 빈 칸에 써 볼까요? **(금붕어가 입을 넙죽거려요)**

| | | | | | | | | | | | | | | |

넙죽거리다 낱말을 넣어 짧은 글짓기를 해 볼까요? (예) 강아지가 입을 넙죽대며 간식을 받아먹어요.

넙죽거리다 :

전하다

(뜻) : 어떤 것을 상대방에게 옮겨 주다.
(교과서 예문) 주변 사람에게 고운 말로 자신의 마음을 전해 봅시다.

◉ **낱말을 따라 써 볼까요?**

| 전 | 하 | 다 | | 전 | 하 | 다 | | 전 | 하 | 다 | | 전 | 하 | 다 |

◉ **( ) 안의 문장을 빈 칸에 써 볼까요? (형에게 기쁜 소식을 전했어요)**

| | | | | | | | | | | | | | | |

전하다 낱말을 넣어 짧은 글짓기를 해 볼까요? (예) 부모님께 고마운 마음을 편지로 전했어요.

전하다 :

자랑스럽다

(뜻) : 남에게 드러내어 뽐낼 만한 데가 있다.
(교과서 예문) 네가 자랑스러워.

◉ **낱말을 따라 써 볼까요?**

| 자 | 랑 | 스 | 럽 | 다 | | 자 | 랑 | 스 | 럽 | 다 | | | | |

◉ **( ) 안의 문장을 빈 칸에 써 볼까요? (나는 대한민국이 자랑스러워요)**

| | | | | | | | | | | | | | | |

자랑스럽다 낱말을 넣어 짧은 글짓기를 해 볼까요? (예) 달리기에서 포기하지 않은 내가 자랑스러웠어요.

자랑스럽다 :

같다

(뜻) : 무엇과 서로 다르지 않다. 차이가 없다. / (교과서 예문) 엄마와 수지의 대화에서 '같다'의 뜻을 생각하며 잘못된 부분을 바르게 고쳐 써 봅시다.

◉ **낱말을 따라 써 볼까요?**

| 같 | 다 | | 같 | 다 | | 같 | 다 | | 같 | 다 | | 같 | 다 |

◉ **( ) 안의 문장을 빈 칸에 써 볼까요? (친구와 내 키는 거의 같아요)**

| | | | | | | | | | | | | | | |

같다 낱말을 넣어 짧은 글짓기를 해 볼까요? (예) 형과 나는 같은 유치원을 다녔어요.

같다 :

더 해보아요

앞에서 공부한 낱말들을 떠올리며 문제를 풀어 볼까요?

1) 뜻에 알맞은 낱말을 〈보기〉에서 찾아 (   )에 써 볼까요?

> 보기 :   같다   자랑스럽다   전하다   넙죽거리다   조심하다

(1)잘못이나 실수가 없도록 말이나 행동에 마음을 쓰다. (   )

(2)어떤 것을 상대방에게 옮겨 주다. (   )

(3)남에게 드러내어 뽐낼 만한 데가 있다. (   )

(4)말대답을 하거나 무엇을 받아먹으려 입을 벌렸다 닫았다 하다. (   )

(5)무엇과 서로 다르지 않다. 차이가 없다. (   )

2) 문장에 어울리는 낱말을 (   ) 안에서 골라 O표 해 볼까요?

(1)아기는 엄마가 주는 이유식을 (넙죽거리며 / 오므리며) 잘 받아먹어요.

(2)태권도를 잘 하는 동생이 (우스워서 / 자랑스러워서) 칭찬해 주었어요.

(3)누나한테 대든 것이 몹시 (미안해서 / 얄미워서) 고개도 못 들었어요.

3) 뜻에 알맞은 낱말을 〈보기〉에서 골라 (   )에 써 볼까요?

> 보기 :   사과하다   자랑스럽다   조심하다

잘못이나 실수가 없도록
말이나 행동에 마음을 쓰다.

(1) (   )

잘못을 인정하고
용서를 빌다.

(2) (   )

남에게 드러내어
뽐낼 만한 데가 있다.

(3) (   )

4) 뜻에 알맞은 낱말을 글자판에서 찾아 묶고 (   )에 써 볼까요?

같	다	망	미
고	운	치	안
전	하	다	하
사	과	하	다

(1)괴로움이나 폐를 끼쳐 마음이 불편하고 거북하다.
(   )

(2)잘못을 인정하고 용서를 빌다. (   )

(3)일을 그르치어 못 쓰게 만들다. (   )

(4)어떤 것을 상대방에게 옮겨 주다. (   )

5) 문장에 어울리는 낱말을 찾아 선을 긋고 (   )에 번호를 써 볼까요?

(1)새로 산 예쁜 필통이 감쪽같이 사라졌어요.　　(　　)·　　·①같다

(2)친구는 듣는 사람을 편안하게 말을 해요.　　(　　)·　　·②전하다

(3)생일에 와달라고 친구에게 초대장을 건넸어요. (　　)·　　·③고운 말

(4)강아지가 내가 주는 간식을 잘 받아먹었어요.　(　　)·　　·④넙죽거리다

(5)형과 나는 둘 다 혈액형이 A형이에요.　　(　　)·　　·⑤잃어버리다

***앞에서 배운 낱말 중에 잘 알고 있는 것에 O표를 할까요?**

(　　)잃어버리다　(　　)고운 말　(　　)망치다　(　　)미안하다　(　　)사과하다

(　　)조심하다　(　　)넙죽거리다　(　　)전하다　(　　)자랑스럽다　(　　)같다

***오늘 있었던 일 중에서 낱말 두 가지를 정하여 짧은 글짓기를 해 볼까요?**

(예) 동화책 : 형은 어려서부터 동화책을 엄청 많이 읽었다고 자랑해요.

(1)

(2)

5. 분류하기

낱말 뜻을 이해하고 낱말의 쓰임을 완벽하게 익혀볼까요?

수학 교과서 어휘
수록 교과서 수학 2-1

기준

(뜻) : 기본이 되는 평가 표준.
(교과서 예문) 기준에 따라 분류해 볼까요?

◉ **낱말을 따라 써 볼까요?**

기	준		기	준		기	준		기	준		기	준

◉ ( ) 안의 문장을 빈 칸에 써 볼까요? **(심사의 기준이 까다로워요)**

기준 낱말을 넣어 짧은 글짓기를 해 볼까요? (예) 우리 가족은 밤 열 시를 기준으로 잠자리에 들어요.

기준 :

필요하다

(뜻) : 꼭 있어야 하거나 갖추어야 할 것이 있다.
(교과서 예문) 정한 기준에 따라 필요한 칸만 사용하세요.

◉ **낱말을 따라 써 볼까요?**

필	요	하	다		필	요	하	다		필	요	하	다

◉ ( ) 안의 문장을 빈 칸에 써 볼까요? **(누구나 좋은 친구가 필요해요)**

필요하다 낱말을 넣어 짧은 글짓기를 해 볼까요? (예) 글씨를 쓰려면 연필과 지우개가 필요해요.

필요하다 :

분류

(뜻) : 성질에 따라 종류별로 나누어 놓음.
(교과서 예문) 탈것을 분류하여 어떻게 셀 수 있을지 이야기해 봅시다.

◉ **낱말을 따라 써 볼까요?**

분	류		분	류		분	류		분	류		분	류

◉ **( )안의 문장을 빈 칸에 써 볼까요? (안 입을 옷을 분류했어요)**

분류 낱말을 넣어 짧은 글짓기를 해 볼까요? (예) 책장의 책을 번호 순서대로 분류했어요.

분류 :

주어지다

(뜻) : 일, 환경, 조건 따위가 갖추어지거나 드러내 보이다.
(교과서 예문) 주어진 기준에 따라 분류하고 그 수를 세어 보세요.

◉ **낱말을 따라 써 볼까요?**

주	어	지	다		주	어	지	다		주	어	지	다

◉ **( )안의 문장을 빈 칸에 써 볼까요? (주어진 시간이 너무 짧아요)**

주어지다 낱말을 넣어 짧은 글짓기를 해 볼까요? (예) 운 좋게 친구와 놀 기회가 주어졌어요.

주어지다 :

빠뜨리다

(뜻) : 물건이나 내용이나 사람을 빼놓다. / 다른 뜻 : 물이나 어떤 깊숙한 곳에 빠지게 함
(교과서 예문) 단추들이 너무 많아. 빠뜨리지 않고 셀 수 있을까?

◉ **낱말을 따라 써 볼까요?**

빠	뜨	리	다		빠	뜨	리	다		빠	뜨	리	다

◉ **( )안의 문장을 빈 칸에 써 볼까요? (공책을 빠뜨리고 왔어요)**

빠뜨리다 낱말을 넣어 짧은 글짓기를 해 볼까요? (예) 준비물을 빠뜨리지 않으려고 꼼꼼히 살폈어요.

빠뜨리다 :

6. 곱셈

낱말 뜻을 이해하고 낱말의 쓰임을 완벽하게 익혀볼까요?

수학 교과서 어휘
수록 교과서 수학 2-1

묶다

(뜻) : 낱개로 되어 있는 것들을 하나로 모아 합치다.
(교과서 예문) 주변에서 묶어 셀 수 있는 것을 찾아볼까?

◉ **낱말을 따라 써 볼까요?**

| 묶 | 다 | | 묶 | 다 | | 묶 | 다 | | 묶 | 다 | | 묶 | 다 | |

◉ ( ) 안의 문장을 빈 칸에 써 볼까요? **(공을 열 개씩 묶어 세었어요)**

| | | | | | | | | | | | | |

묶다 낱말을 넣어 짧은 글짓기를 해 볼까요? (예) 헝클어진 머리카락을 핀으로 묶었어요.

묶다 :

배

(뜻) : 같은 수량을 여러 번 합한 만큼의 분량. / 다른 뜻 : 사람의 내장이 들어 있는 부위 / 배나무 열매
(교과서 예문) 두 개씩 묶어 센 것을 2의 몇 배로 나타내 볼까?

◉ **낱말을 따라 써 볼까요?**

| 배 | 배 | 배 | 배 | 배 | 배 | 배 | 배 |

◉ ( ) 안의 문장을 빈 칸에 써 볼까요? **(6은 3의 몇 배일까요?)**

| | | | | | | | | | | | | |

배 낱말을 넣어 짧은 글짓기를 해 볼까요? (예) 형은 나보다 나이가 배가 많아요.

배 :

문제

(뜻) : 공부할 때 대답이나 풀이를 하라는 물음. / (교과서 예문) 색 막대를 사용하여 몇의 몇 배 문제를 만들고 친구와 함께 해결해 보세요.

◉ 낱말을 따라 써 볼까요?

| 문 | 제 | | 문 | 제 | | 문 | 제 | | 문 | 제 | | 문 | 제 | |

◉ (   ) 안의 문장을 빈 칸에 써 볼까요?   **(어려운 수학 문제를 풀었어요)**

| | | | | | | | | | | | | | | |

문제 낱말을 넣어 짧은 글짓기를 해 볼까요? (예) 오늘 풀어야 할 수학 문제가 너무 많아요.

문제 :

주사위

(뜻) : 각 면에 하나에서 여섯 개의 점을 새긴 정육면체 장난감.
(교과서 예문) 주사위를 굴려서 나온 주사위의 눈의 수가 가장 큰 사람이 문제를 내요.

◉ 낱말을 따라 써 볼까요?

| 주 | 사 | 위 | | 주 | 사 | 위 | | 주 | 사 | 위 | | 주 | 사 | 위 |

◉ (   ) 안의 문장을 빈 칸에 써 볼까요?   **(주사위 던지기 놀이를 했어요)**

| | | | | | | | | | | | | | | |

주사위 낱말을 넣어 짧은 글짓기를 해 볼까요? (예) 주사위 던지기 놀이에서 내가 일등이었어요.

주사위 :

텃밭

(뜻) : 집터에 딸리거나 집 가까이에 있는 밭.
(교과서 예문) 여름철 텃밭에서 무엇을 볼 수 있을까요?

◉ 낱말을 따라 써 볼까요?

| 텃 | 밭 | | 텃 | 밭 | | 텃 | 밭 | | 텃 | 밭 | | 텃 | 밭 | |

◉ (   ) 안의 문장을 빈 칸에 써 볼까요?   **(뒷마당에 텃밭을 만들었어요)**

| | | | | | | | | | | | | | | |

텃밭 낱말을 넣어 짧은 글짓기를 해 볼까요? (예) 텃밭에서 기른 고구마를 캤어요.

텃밭 :

더 해보아요

앞에서 공부한 낱말들을 떠올리며 문제를 풀어 볼까요?

1) 낱말의 뜻을 (보기)에서 찾아 사다리를 타고 내려간 곳에 기호를 쓸까요?

보기

㉠기본이 되는 평가 표준.　　㉡성질에 따라 종류별로 나누어 놓음.

㉢공부할 때 대답이나 풀이를 하라는 물음.

㉣각 면에 하나에서 여섯 개의 점을 새긴 정육면체 장난감.

| 기준 | 문제 | 분류 | 주사위 |

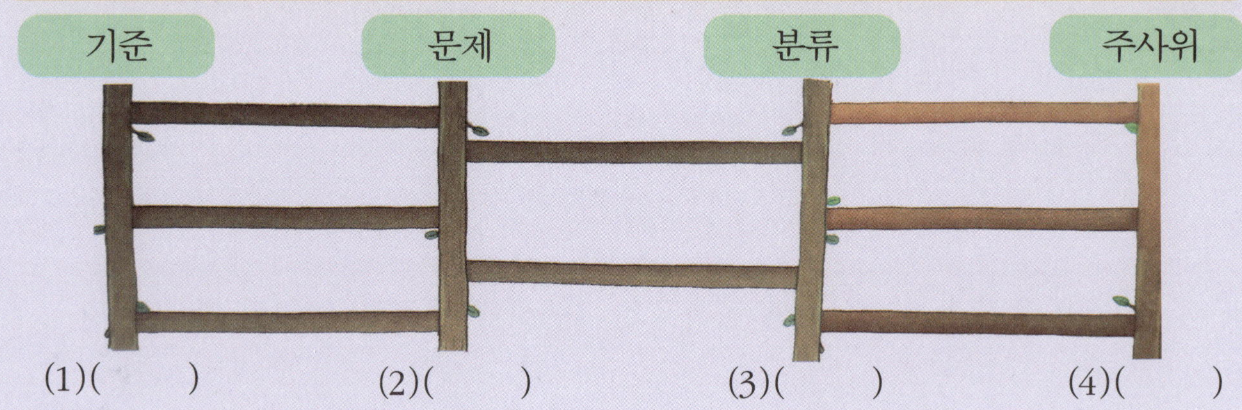

(1)(　　　)　　　(2)(　　　)　　　(3)(　　　)　　　(4)(　　　)

2) 뜻에 알맞은 낱말을 (보기)에서 찾아 써 볼까요?

보기 :　　텃밭　　필요하다　　묶다　　빠뜨리다　　주어지다

(1) [　　　　] 꼭 있어야 하거나 갖추어야 할 것이 있다.

(2) [　　　　] 일, 환경, 조건 따위가 갖추어지거나 드러내 보이다.

(3) [　　　　] 물건이나 내용이나 사람을 빼놓다.

(4) [　　　　] 낱개로 되어 있는 것들을 하나로 모아 합치다.

(5) [　　　　] 집터에 딸리거나 집 가까이에 있는 밭.

3) 밑줄 친 낱말의 쓰임이 맞는 친구에게는 O표, 틀린 친구에게는 X표 해 볼까요?

(1)(   )　　　(2)(   )　　　(3)(   )

4) 빈칸에 들어갈 알맞은 글자를 모두 골라 O표 해 볼까요?

(1) 수학 문제를 다 풀려면 30분 정도 　　 할 것 같아요.　=　물　필　지　요　화

(2) 집 앞에 있는 　　 에 배추와 무를 심었어요.　=　우　미　텃　족　밭

(3) 　　 를 던져서 설거지 담당을 정했어요.　=　사　주　편　위　계

(4) 수학 　　 가 어려워서 누나한테 가르쳐달라고 했어요.　=　문　묶　제　요　중

*앞에서 배운 낱말 중에 잘 알고 있는 것에 O표를 할까요?

(   )기준 (   )필요하다 (   )분류 (   )주어지다 (   )빠뜨리다
(   )묶다 (   )배 (   )문제 (   )주사위 (   )텃밭

*오늘 있었던 일 중에서 낱말 두 가지를 정하여 짧은 글짓기를 해 볼까요?

(예) 병원 : 감기에 걸려서 병원을 다녀왔어요. 주사는 안 맞아서 다행이에요.

(1)
____

(2)
____

8. 다양한 작품을 감상해요

낱말 뜻을 이해하고 낱말의 쓰임을 완벽하게 익혀볼까요?

작품

(뜻) : 그림 · 조각 · 소설 · 시 등 창작 활동으로 만든 것.
(교과서 예문) 친구들과 작품 감상의 즐거움 나누기

◉ 낱말을 따라 써 볼까요?

| 작 | 품 | | 작 | 품 | | 작 | 품 | | 작 | 품 | | 작 | 품 | |

◉ (　　) 안의 문장을 빈 칸에 써 볼까요?　(그 그림은 제 작품이에요)

작품 낱말을 넣어 짧은 글짓기를 해 볼까요? (예) 형이 찰흙으로 공룡 작품을 완성했어요.

작품 :

사용법

(뜻) : 사용하는 방법.
(교과서 예문) 『우산 사용법』을 낭송해 봅시다.

◉ 낱말을 따라 써 볼까요?

| 사 | 용 | 법 | | 사 | 용 | 법 | | 사 | 용 | 법 | | 사 | 용 | 법 |

◉ (　　) 안의 문장을 빈 칸에 써 볼까요?　(에어컨 사용법이 궁금했어요)

사용법 낱말을 넣어 짧은 글짓기를 해 볼까요? (예) 오늘 원고지 사용법을 배웠어요.

사용법 :

장소

(뜻) : 어떤 일이 일어나거나 어떤 일을 하는 곳.
(교과서 예문) '나'와 '너'가 만난 장소는 어디인가요?

◉ 낱말을 따라 써 볼까요?

| 장 | 소 | | 장 | 소 | | 장 | 소 | | 장 | 소 | | 장 | 소 | |

◉ ( ) 안의 문장을 빈 칸에 써 볼까요?　**(친구와 만날 장소를 정했어요)**

| | | | | | | | | | | | | | | | |

장소 낱말을 넣어 짧은 글짓기를 해 볼까요? (예) 우리가 맘껏 뛰어놀 수 있는 장소가 별로 없어요.

장소 :

까딱

(뜻) : 고개 따위를 아래위로 가볍게 한 번 움직이는 모양. / 다른 뜻 : 조금만이라도 또는 잠깐만이라도 / (교과서 예문) '나'가 웃거나 고개를 까딱하자 '너'는 어떻게 했나요?

◉ 낱말을 따라 써 볼까요?

| 까 | 딱 | | 까 | 딱 | | 까 | 딱 | | 까 | 딱 | | 까 | 딱 | |

◉ ( ) 안의 문장을 빈 칸에 써 볼까요?　**(동생이 고개를 까딱했어요)**

| | | | | | | | | | | | | | | | |

까딱 낱말을 넣어 짧은 글짓기를 해 볼까요? (예) 내가 고개를 까딱하자 친구도 고개를 까딱했어요.

까딱 :

휘두르다

(뜻) : 이리저리 마구 내두르다.
(교과서 예문) 이리저리 휘두르거나 휘젓는 모양.

◉ 낱말을 따라 써 볼까요?

| 휘 | 두 | 르 | 다 | | 휘 | 두 | 르 | 다 | | 휘 | 두 | 르 | 다 | |

◉ ( ) 안의 문장을 빈 칸에 써 볼까요?　**(야구 방망이를 휘둘렀어요)**

| | | | | | | | | | | | | | | | |

휘두르다 낱말을 넣어 짧은 글짓기를 해 볼까요? (예) 휘두른 방망이를 맞고 공이 멀리 날아갔어요.

휘두르다 :

8. 다양한 작품을 감상해요

낱말 뜻을 이해하고 낱말의 쓰임을 완벽하게 익혀볼까요?

국어 교과서 어휘
수록 교과서 교과서 국어 2-1㉯

세차다

(뜻) : 힘이 있고 억세다.
(교과서 예문) 작은 것이 자꾸 세차고 가볍게 뛰어오르는 모양.

◉ **낱말을 따라 써 볼까요?**

세	차	다		세	차	다		세	차	다		세	차	다

◉ **(　　) 안의 문장을 빈 칸에 써 볼까요?　(바람이 세차게 불었어요)**

세차다 낱말을 넣어 짧은 글짓기를 해 볼까요? (예) 세차게 부는 바람을 타고 풍선이 날아갔어요.

세차다 :

신호

(뜻) : 일정한 소리, 빛, 몸짓 따위로 정보를 전달하거나 지시를 하는 것.
(교과서 예문) 주고받고 싶은 신호를 그림이나 몸짓으로 표현할 수도 있어요.

◉ **낱말을 따라 써 볼까요?**

신	호		신	호		신	호		신	호		신	호

◉ **(　　) 안의 문장을 빈 칸에 써 볼까요?　(눈짓으로 신호를 보냈어요)**

신호 낱말을 넣어 짧은 글짓기를 해 볼까요? (예) 교통 신호는 잘 지켜야 해요.

신호 :

현관

(뜻) : 건물에서 가장 흔하게 드나드는 문간.
(교과서 예문) 두꺼비가 자기 집 현관 앞에 앉아 있었어요.

◉ 낱말을 따라 써 볼까요?

| 현 | 관 | | 현 | 관 | | 현 | 관 | | 현 | 관 | | 현 | 관 | |

◉ (　　) 안의 문장을 빈 칸에 써 볼까요?　**(현관을 깨끗하게 닦았어요)**

| | | | | | | | | | | | | |

현관 낱말을 넣어 짧은 글짓기를 해 볼까요? (예) 현관 앞에는 신발들이 나란히 놓여 있어요.

현관 :

오누이

(뜻) : 오빠와 여동생, 또는 누나와 남동생을 이르는 말.
(교과서 예문) 인물의 마음을 짐작하며 『해와 달이 된 오누이』를 봅시다.

◉ 낱말을 따라 써 볼까요?

| 오 | 누 | 이 | | 오 | 누 | 이 | | 오 | 누 | 이 | | 오 | 누 | 이 |

◉ (　　) 안의 문장을 빈 칸에 써 볼까요?　**(나와 누나는 오누이 사이예요)**

| | | | | | | | | | | | | |

오누이 낱말을 넣어 짧은 글짓기를 해 볼까요? (예) 형과 엄마는 꼭 오누이처럼 다정하게 지내요.

오누이 :

아우

(뜻) : 형제나 자매 중에서 나이가 적은 사람. / (교과서 예문) 『의좋은 형제』에 등장하는 형과 아우에게 자신의 생각이나 느낌을 전하는 편지를 써 보세요.

◉ 낱말을 따라 써 볼까요?

| 아 | 우 | | 아 | 우 | | 아 | 우 | | 아 | 우 | | 아 | 우 | |

◉ (　　) 안의 문장을 빈 칸에 써 볼까요?　**(아빠는 아우가 세 명이에요)**

| | | | | | | | | | | | | |

아우 낱말을 넣어 짧은 글짓기를 해 볼까요? (예) 형이 먼저 차에 오르고 아우도 뒤따랐어요.

아우 :

더 해보아요

앞에서 공부한 낱말들을 떠올리며 문제를 풀어 볼까요?

1) 뜻에 알맞은 낱말이 되도록 (보기)에서 글자를 찾아 써 볼까요?

보기 : 작   사용   휘두   세   아

(1) 그림 · 조각 · 소설 · 시 등 창작 활동으로 만든 것. = ☐ 품

(2) 형제나 자매 중에서 나이가 적은 사람. = ☐ 우

(3) 사용하는 방법. = ☐ ☐ 법

(4) 이리저리 마구 내두르다. = ☐ ☐ 르 다

(5) 힘이 있고 억세다. = ☐ 차 다

2) 문장에 어울리는 낱말을 (   )에서 골라 O표 해 볼까요?

(1) 시간에 맞춰 친구들과 축구하기로 한 (장소 / 교실)로 나갔어요.

(2) 방 청소를 하는데 동생은 손끝 하나 (끄떡 / 까딱) 안 하고 놀기만 했어요.

(3) 동생한테 해와 달이 된 (이웃 / 오누이) 동화책을 읽어주었어요.

(4) 누나는 항상 (마루 / 현관)에 벗어놓은 신발을 가지런히 정리해요.

3) 밑줄 친 낱말을 어색하게 사용한 친구에게 O표 해 볼까요?

(1) (   )   (2) (   )   (3) (   )

4) 문장에 어울리는 낱말을 찾아 선을 긋고 (　　　)에 번호를 써 볼까요?

(1)친구가 고개를 짧게 숙였다가 들었어요. (　　) ·　　　　　　·①아우

(2)태풍이 와서 바람이 무섭게 불었어요. (　　) ·　　　　　　·②신호

(3)동생한테 빨리 뛰라고 손짓을 했어요. (　　) ·　　　　　　·③세차다

(4)고모는 우리 아빠를 "오빠"라고 불러요. (　　) ·　　　　　　·④오누이

(5)우리 아빠한테 삼촌은 막냇동생이 되어요. (　　) ·　　　　　　·⑤까딱

5) 문장에 들어갈 알맞은 낱말을 (보기)에서 찾아 (　　　)에 써 볼까요?

> 보기 :　　현관　　　장소　　　신호　　　사용법　　　작품

(1)누나가 그린 미술 (　　　　)이 큰 상을 받았어요.

(2)새로 산 청소기 (　　　　)을 읽어보았어요.

(3)조용한 (　　　　)에서는 시끄럽게 떠들면 안 돼요.

(4)아빠가 (　　　　)문을 열고 들어오는 소리가 들렸어요.

(5)친구한테 전화를 했는데 (　　　　)는 가는데 안 받아요.

***앞에서 배운 낱말 중에 잘 알고 있는 것에 O표를 할까요?**

(　)작품 (　)사용법 (　)장소 (　)까딱 (　)휘두르다 (　)세차다
(　)신호 (　)현관 (　)오누이 (　)아우

***오늘 있었던 일 중에서 낱말 두 가지를 정하여 짧은 글짓기를 해 볼까요?**

(예) 모기 : 잠잘 때 모기가 물었어요. 가려워서 긁었더니 빨갛게 부었어요.

(1)

(2)

세계

낱말 뜻을 이해하고 낱말의 쓰임을 완벽하게 익혀볼까요?

세계 교과서 어휘
수록 교과서 세계 2-1

전통

(뜻) : 옛날부터 지금까지 이어져 내려오는 소중한 생활 모습과 생각.
(교과서 예문) 다른 나라의 전통 의상을 살펴볼까요?

⊙ **낱말을 따라 써 볼까요?**

| 전 | 통 | | 전 | 통 | | 전 | 통 | | 전 | 통 | | 전 | 통 | |

⊙ ( ) 안의 문장을 빈 칸에 써 볼까요? **(우리나라 전통은 참 대단해요)**

| | | | | | | | | | |

전통 낱말을 넣어 짧은 글짓기를 해 볼까요? (예) 우리 학교는 100년 전통을 자랑해요.

전통 :

의상

(뜻) : 겉에 입는 옷.
(교과서 예문) 다른 나라의 전통 의상에 대하여 궁금한 점을 찾아봅시다.

⊙ **낱말을 따라 써 볼까요?**

| 의 | 상 | | 의 | 상 | | 의 | 상 | | 의 | 상 | | 의 | 상 | |

⊙ ( ) 안의 문장을 빈 칸에 써 볼까요? **(나라마다 고유 의상이 달라요)**

| | | | | | | | | | |

의상 낱말을 넣어 짧은 글짓기를 해 볼까요? (예) 여러 나라의 의상 중에 한복이 가장 아름다워요.

의상 :

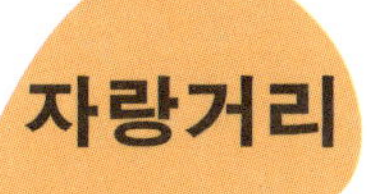

(뜻) : 남에게 드러내어 뽐내거나 내세울 만한 거리.
(교과서 예문) 세계의 자랑거리를 조사해 볼까요?

◉ 낱말을 따라 써 볼까요?

| 자 | 랑 | 거 | 리 | | 자 | 랑 | 거 | 리 | | 자 | 랑 | 거 | 리 | |

◉ (   ) 안의 문장을 빈 칸에 써 볼까요?   **(우리나라는 자랑거리가 많아요)**

| | | | | | | | | | | | | | | |

자랑거리 낱말을 넣어 짧은 글짓기를 해 볼까요? (예) 우리 동네의 자랑거리를 조사해 보았어요.

자랑거리 :

(뜻) : 설, 추석, 보름, 단오처럼 해마다 일정하게 지키어 즐기거나 기념하는 날.
(교과서 예문) 우리나라와 다른 나라의 명절을 비교해 볼까요?

◉ 낱말을 따라 써 볼까요?

| 명 | 절 | | 명 | 절 | | 명 | 절 | | 명 | 절 | | 명 | 절 | |

◉ (   ) 안의 문장을 빈 칸에 써 볼까요?   **(설 명절에는 차례를 지내요)**

| | | | | | | | | | | | | | | |

전통 낱말을 넣어 짧은 글짓기를 해 볼까요? (예) 이번 명절에 입을 한복을 샀어요.

전통 :

(뜻) : 지구에 사는 모든 사람이 이루는 하나의 공동사회.
(교과서 예문) 지구촌 올림픽

◉ 낱말을 따라 써 볼까요?

| 지 | 구 | 촌 | | 지 | 구 | 촌 | | 지 | 구 | 촌 | | 지 | 구 | 촌 |

◉ (   ) 안의 문장을 빈 칸에 써 볼까요?   **(지구촌 곳곳을 가보고 싶어요)**

| | | | | | | | | | | | | | | |

지구촌 낱말을 넣어 짧은 글짓기를 해 볼까요? (예) 지구촌 곳곳에 한국을 알리는 방법은 무엇일까요?.

지구촌 :

세계

낱말 뜻을 이해하고 낱말의 쓰임을 완벽하게 익혀볼까요?

세계 교과서 어휘
수록 교과서 세계 2-1

식중독

(뜻) : 상한 음식물을 먹은 뒤에 설사 · 구토 · 복통 등의 증상이 일어나는 병.
(교과서 예문) 식중독에 걸리면 어떻게 될까요?

◉ **낱말을 따라 써 볼까요?**

식	중	독		식	중	독		식	중	독		식	중	독

◉ **(　) 안의 문장을 빈 칸에 써 볼까요?　(식중독에 걸리면 위험해요)**

식중독 낱말을 넣어 짧은 글짓기를 해 볼까요? (예) 상한 떡볶이를 사 먹고 식중독에 걸렸어요.

식중독 :

예방

(뜻) : 병이나 사고 같은 것이 생기지 않도록 미리 막는 것.
(교과서 예문) 식중독 예방 카드를 만들어 봅시다.

◉ **낱말을 따라 써 볼까요?**

예	방		예	방		예	방		예	방		예	방

◉ **(　) 안의 문장을 빈 칸에 써 볼까요?　(손씻기도 감기 예방에 좋아요)**

예방 낱말을 넣어 짧은 글짓기를 해 볼까요? (예) 팔에 예방 주사를 맞았어요.

예방 :

태풍

(뜻) : 크게 불어닥치는 매우 센 바람.
(교과서 예문) 태풍이 올 때 어떻게 해야 할까요?

◉ **낱말을 따라 써 볼까요?**

| 태 | 풍 | | 태 | 풍 | | 태 | 풍 | | 태 | 풍 | | 태 | 풍 | |

◉ **( ) 안의 문장을 빈 칸에 써 볼까요?** **(태풍이 우리나라를 덮쳤어요)**

| | | | | | | | | | | | |

태풍 낱말을 넣어 짧은 글짓기를 해 볼까요? (예) 태풍에 나무들이 많이 쓰러졌어요.

태풍 :

감염병

(뜻) : 병균 따위가 몸안에 침입하여 증식하거나 퍼져 생기는 병.
(교과서 예문) 감염병을 예방하려면 어떻게 해야 할까요?

◉ **낱말을 따라 써 볼까요?**

| 감 | 염 | 병 | | 감 | 염 | 병 | | 감 | 염 | 병 | | 감 | 염 | 병 |

◉ **( ) 안의 문장을 빈 칸에 써 볼까요?** **(감염병은 예방이 최고예요)**

| | | | | | | | | | | | |

감염병 낱말을 넣어 짧은 글짓기를 해 볼까요? (예) 코로나 같은 감염병은 없었으면 좋겠어요.

감염병 :

접촉

(뜻) : 두 물체가 서로 닿든가 맞붙는 것.
(교과서 예문) 접촉이나 음식물 등으로 전염됨.

◉ **낱말을 따라 써 볼까요?**

| 접 | 촉 | | 접 | 촉 | | 접 | 촉 | | 접 | 촉 | | 접 | 촉 | |

◉ **( ) 안의 문장을 빈 칸에 써 볼까요?** **(피부 접촉도 위험하다고 해요)**

| | | | | | | | | | | | |

접촉 낱말을 넣어 짧은 글짓기를 해 볼까요? (예) 감기가 유행할 때는 피부 접촉도 조심해야 해요.

접촉 :

더 해보아요

앞에서 공부한 낱말들을 떠올리며 문제를 풀어 볼까요?

1) 뜻에 알맞은 낱말이 되도록 (보기)에서 글자를 찾아 써 볼까요?

보기 :　명절　　의상　　지구촌　　자랑거리　　예방

(1) 병이나 사고 같은 것이 생기지 않도록 미리 막는 것. = ☐☐

(2) 겉에 입는 옷. = ☐☐

(3) 남에게 드러내어 뽐내거나 내세울 만한 거리. = ☐☐☐☐

(4) 설, 추석처럼 해마다 즐기거나 기념하는 날. = ☐☐

(5) 지구에 사는 모든 사람이 이루는 하나의 공동사회. = ☐☐☐

2) 빈칸에 들어갈 알맞은 글자를 모두 골라 O표 해 볼까요?

(1) 여름에 음식을 잘못 먹으면 ☐☐에 걸릴 수도 있어요. = 중　필　식　요　독

(2) 오늘 병원에 가서 독감 ☐☐ 주사를 맞았어요. = 우　미　예　족　방

(3) 계속 더웠는데 주말에 ☐☐이 온다는 일기 예보가 있어요. = 사　풍　편　위　태

(4) 코로나가 유행할 때 ☐☐☐이 겁이 나서 외출도 안 했어요. = 인　감　염　다　병

(5) 감기 걸린 친구와 ☐☐을 했더니 나도 감기도 걸렸어요. = 제　접　문　바　촉

3) 뜻에 알맞은 낱말을 〈보기〉에서 찾아 써 볼까요?

보기 :　　지구촌　　　자랑거리　　　식중독

(1) ________　　남에게 드러내어 뽐내거나 내세울 만한 거리.

(2) ________　　지구에 사는 모든 사람이 이루는 하나의 공동사회.

(3) ________　　상한 음식물을 먹은 뒤에 설사 · 구토 등의 증상이 일어나는 병.

4) 빈칸에 알맞은 낱말을 넣어 문장을 완성해 볼까요?

우리나라의 전통 □□인 한복은 정말 아름다워요.

우리 가족은 설이나 추석 □□에는 한복을 입고 나들이를 해요.

*앞에서 배운 낱말 중에 잘 알고 있는 것에 O표를 할까요?

(　)전통 (　)의상 (　)자랑거리 (　)명절 (　)지구촌 (　)식중독
(　)예방 (　)태풍 (　)감염병 (　)접촉

*오늘 있었던 일 중에서 낱말 두 가지를 정하여 짧은 글짓기를 해 볼까요?

(예) 피노키오 : 피노키오는 정말 말썽꾸러기예요. 그래도 귀여워요.

(1)

____

(2)

____

앞에서 배운 단어를 떠올리며 맞는 낱말에 O표 하고 문장을 따라 써 볼까요?

1) 새로 산 우산을 (잃어버려서 / 잊어버려서) 속상했어요.

2) 노래를 잘하는 동생이 몹시 (자랑스려워요 / 자랑스러워요).

3) 실수로 모자를 웅덩이에 (빠뜨리고 / 빠트리고) 말았어요.

4) 형이 풀어진 운동화 끈을 (묶어 / 묵어) 주었어요.

5) 강아지는 내가 부르면 (까딱 / 까닥) 고갯짓만 하고 안 와요.

6) 내가 (휘두른 / 희두른) 야구 방망이를 맞고 공이 날아갔어요.

7) 느닷없이 부는 (새찬 / 세찬) 바람에 모자가 날아갔어요.

8) 피아노 치는 실력은 나의 (자랑거리 / 자랑꺼리)예요.

9) 오늘 병원에 가서 독감 (얘방 / 예방) 주사를 맞았어요.

10) 코로나는 정말 무서운 (감염병 / 감엄병)이에요.

〈어린왕자와 사막여우를 만나러 가요〉

공부한 낱말이 들어간 동화를 읽으며 내용에 맞는 낱말에 O표 해 볼까요?

"너는 비행기 조종사 아저씨를 만나게 되면 어떤 기분일 것 같아?"

사막여우가 어린왕자에게 뜬금없이 그렇게 물었어요.

"나는 아저씨가 정말 보고 싶어. 헤어질 때 인사도 제대로 못 했거든."

"알겠어. 오늘은 네 소원이 이뤄질 거야."

사막여우 말이 끝나기도 전에 누군가 뒷걸음으로 1)(조심스럽게 / 조심스럽개) 다가왔어요. 어린왕자는 그 사람이 조종사 아저씨라는 걸 금방 알아차렸어요.

"우와! 아저씨를 보고 싶어 하는 제 마음이 2)(전해전나 / 전해졌나) 봐요."

"널 만나러 사하라 사막에 다시 왔다가 사막여우한테 네 소식을 들었단다."

사막여우는 두 사람을 만나게 해준 것이 3)(자랑스러워서 / 자랑스러어서) 어깨가 으쓱해졌어요.

"이번에는 즐겁게 놀다 헤어져요. 저번처럼 인사도 없이 헤어지긴 싫어요."

"저 모래 언덕에서 미끄럼 타요!"

사막여우가 서둘렀어요. 사막여우는 어린왕자와 조종사 아저씨가 즐거운 시간을 보내길 진심으로 바랐거든요.

셋은 가장 높은 모래 언덕 위에 나란히 앉았어요. 그리고 출발 4)(신오 / 신호)에 맞춰 모래 언덕을 뛰기 시작했어요.

어린왕자는 팔을 5)(휘둘르며 / 휘두르며) 뛰었어요. 사막여우는 꼬리를 6)(세차게 / 새차게) 휘날리며 뛰고, 아저씨는 데구루루 굴렀어요.

아저씨 때문에 7)(까닥 / 까딱)했으면 셋이 엉겨서 구를 뻔 했어요.

"자칫 잘못했으면 아저씨랑 8)(접촉 / 접축) 사고 날 뻔했잖아요!"

먼저 내려온 어린왕자가 소리쳤어요. 부드러운 모래가 온몸을 휘감고, 셋의 웃음소리가 사막으로 넓게 퍼졌어요. 어린왕자와 사막여우는 행복해서 환호성을 질렀어요. 아저씨는 손뼉을 치며 좋아했고요. 어린왕자가 외쳤어요.

"앞으로는 이 9)(장소 / 장쏘)만 보면 오늘 일이 떠올라서 행복해질 것 같아요!"

이번에는 조종사 아저씨가 말했어요.

"우리 모래 위에 그림을 그려볼까?"

조종사 아저씨는 하늘을 나는 비행기를 그렸고, 사막여우는 총총 발자국을 찍어 낙타가 걸어가는 모습과 선인장을 그렸어요.

어린 왕자는 그림을 10)(망치지 / 망춰지) 않으려고 애쓰며 자기 별 B612를 그렸고요. 장미꽃과 세 개의 화산도 빼놓지 않았죠.

해가 지고 사막에 어둠이 내리자, 하늘에는 보석을 흩뿌려 놓은 듯 별들이 총총 떠올랐어요.

"저 반짝이는 별이 제 별이에요. 지금도 장미꽃은 잘 있겠죠? 오랫동안 혼자 있게 해서 많이 11)(미한 / 미안)해요."

어린왕자가 유난히 반짝이는 별 하나를 손가락으로 가리키며 말했어요.

"돌아가서 12)(사과/ 사가)하면 장미꽃도 이해할 거야."

"장미꽃은 행복할까요?"

"함께 있는 동안 네가 사랑을 듬뿍 주었으니 세상에서 가장 행복한 장미일 거야."

사막여우는 조종사 아저씨 무릎에 누워 스르르 잠이 들었어요.

"예전에 너한테 그려 준 양의 입마개에 가죽끈을 안 그렸더구나. 끈이 없으면 양을 13)(묵어 / 묶어) 둘 수가 없는데."

아저씨 말에 어린왕자는 고개를 저었어요.

"묶인 양은 불쌍해요. 끈이 14)(필요 / 필오) 했으면 제가 그려달라고 했을 거예요. 묶이지 않은 양은 행복할 거예요."

"내 실수로 가죽끈 그리는 걸 15)(빠뜨렸다 / 빠트렸다)고 생각했는데 그게 아니었구나."

"앞으로는 아까 모래 위에 그린 그림을 그리세요. 그 그림에 아이, 꽃, 강아지, 나무, 새, 계곡물, 바다도 그리세요. 그 그림은 아저씨한테 큰 16)(자랑거리 / 자랑꺼리)가 될 거예요."

"오호, 아주 훌륭한 17)(작품 / 작픔)이 되겠구나. 너와 사막여우도 그려야겠다."

"아저씨 모습도 그려요. 그럼 우린 헤어져서도 영원히 함께 있는 것이 되니까요."

아저씨는 행복한 표정으로 크게 고개를 끄덕였어요.

(나도 작가) 여러분이 그다음 이야기를 지어 볼까요?

아저씨 :

어린왕자 :

〈독해 실력이 쑥쑥쑥〉 

◉어린왕자와 사막여우 동화로 독해 실력을 높여 볼까요?

1) 어린왕자가 조종사 아저씨를 만나자 가장 먼저 한 말은 무엇인가요? (   )

(1)"아저씨! 이게 꿈은 아니죠?"

(2)"아저씨, 배고파요."

(3)"우리 저 모래 언덕에서 놀아요."

(4)"장미꽃이 보고 싶어요."

2) 사막여우가 왜 "저 모래 언덕에서 미끄럼 타요!"라고 했나요? (   )

(1)어린왕자와 조종사 아저씨가 즐거운 시간을 보내길 바라는 마음으로

(2)조종사 아저씨를 귀찮게 하려고

(3)어린왕자가 심심하다고 해서

(4)아저씨가 얼른 돌아가기를 바라는 마음으로

3) 어린왕자가 그린 것은 무엇이었나요? (   )

(1)사막과 낙타

(2)장미꽃과 화산이 있는 자기 별 B612

(3)비행기와 강

(4)나무와 새

4) 어린왕자가 장미꽃에게 미안해한 이유는 무엇인가요? (   )

(1)물 주기를 잊어버려서

(2)장미꽃을 오랫동안 혼자 있게 해서

(3)장미꽃이 행복할까 궁금해서

(4)장미꽃에게 사과를 할 수 없어서

5) 이 동화의 교훈으로 알맞은 것은 무엇일까요? (   )

(1)친구와 함께하면 즐겁고 행복하다.

(2)양은 끈으로 묶어 두어야 한다.

(3)장미꽃은 혼자 두는 게 좋다.

(4)그림은 혼자 그려야 멋지다.

(해답) 1)(1) / 2)(1) / 3)(2) / 4)(2) / 5)(1)

〈문해 실력이 쑥쑥쑥〉

◉어린왕자와 사막여우 동화로 문해 실력을 높여 볼까요?

1) 조종사 아저씨가 사막으로 다시 돌아온 까닭은 무엇인가요? (　　)
(1)어린왕자를 만나기 위해서
(2)사막여우에게 선물을 주려고
(3)모래 언덕에서 쉬려고
(4)비행기가 고장 나서

2) 어린왕자가 "아저씨를 보고 싶어하는 제 마음이 전해졌나 봐요."라고 말한 것은 어떤 마음을 뜻하나요? (　　)
(1)아저씨를 그리워하는 마음
(2)아저씨에게 화난 마음
(3)아저씨를 잊고 싶은 마음
(4)아저씨를 무서워하는 마음

3) 셋이 모래 언덕에서 함께 뛴 장면은 어떤 느낌을 주나요? (　　)
(1)위험하고 무서운 느낌
(2)즐겁고 신나는 느낌
(3)심심하고 지루한 느낌
(4)조용하고 차분한 느낌

4) 어린왕자가 "묶인 양은 불쌍해요."라고 한 까닭은 무엇인가요? (　　)
(1)양이 자유롭지 못하니까
(2)양이 너무 크기 때문에
(3)양이 밥을 안 먹으니까
(4)양이 사라져 버리니까

5) 이 내용에서 어린왕자가 가장 소중하게 여기는 것은 무엇인가요? (　　)
(1)많은 보물과 돈
(2)별과 장미꽃에 대한 사랑
(3)맛있는 음식
(4)멋진 비행기

(해답) 1)(1) / 2)(1) / 3)(2) / 4)(1) / 5)(2)

글을 읽고 어떤 속담이 맞는지 보기에서 골라 빈 칸에 써 볼까요?

보기

- **열 손가락 깨물어 안 아픈 손가락 없다.** (부모에게 자식은 모두 귀하고 소중하다는 뜻)
- **큰 북에서 큰 소리 난다.** (마음이 넓고 용감한 사람이 훌륭한 일을 해낸다는 뜻)
- **호랑이한테 물려 가도 정신만 차리면 산다.** (위험한 상황이라도 정신만 차리면 위기를 벗어날 수 있다는 뜻)
- **하나를 보면 열을 안다.** (일부만 보고 전체를 미루어 알 수 있다는 뜻)
- **입에 쓴 약이 병에는 좋다.** (충고나 비판이 싫더라도 달게 받아들이면 좋은 결과를 얻을 수 있다는 뜻)

엄마 곰 '곰곰'이의 아기 곰 열 마리는 성격과 재주가 모두 달랐어요. 튼튼한 첫째, 똑똑한 셋째, 몸이 약해 늘 골골하는 막내……. 모두 곰곰이가 똑똑한 셋째를 가장 아낄 거라고 생각했어요. 막내는 약하니까 제일 미워하고요. 어느 날, 숲속에서 길을 잃고 말았어요. 하지만 발 빠른 첫째가 앞장서고, 영리한 셋째가 길을 찾아냈어요. 그런데 막내가 쿵! 바위 밑으로 떨어지고 말았어요. 곰곰이는 재빨리 달려가 막내를 안아 일으켰어요. 그리고 아기 곰들에게 말했어요. "너희는 엄마한테 열 개의 손가락 같은 존재란다. 열 개의 손가락을 깨물면 어떨 것 같니? 당연히 모두 아프겠지? 그래, 엄마한테 막내는 가장 아픈 새끼손가락 같은 존재란다."

1)

아기 토끼 '토토'는 달콤한 당근 케이크를 너무 먹어요. 당연히 몸이 나날이 약해졌어요. 엄마가 몸에 좋은 쓴 약을 줘도 입도 대지 않았죠. 어느 날, 마을에 큰 병이 돌았어요. 몸 약한 토토가 제일 먼저 위험해졌어요. 엄마는 "그동안 단 음식만 좋아한 네 잘못이라는 걸 알아야 해!" 하고 꾸중했어요. 토토는 엄마의 꾸중이 맞는 것 같았어요. 그래서 쓰디쓴 약을 먹기로 했어요. 며칠 후, 토토는 기적처럼 일어났어요. 엄마는 몹시 기뻐했어요. "달콤한 당근 케이크는 네 건강을 망쳤지만 쓴 약은 네 병을 낫게 해주었구나." "엄마의 따끔한 꾸중과 쓴 약 덕분에 제가 살았어요."

2)

'작은북'은 늘 "난 소리가 맑고 경쾌해!" 하고 자랑했어요.
그러면서 묵직하고 조용한 큰북을 "덩치만 크고 울림도 없는 바보!" 하며 흉을
봤어요. 그래도 큰북은 빙그레 웃을 뿐이었죠. 어느 날, 큰 축제가 열렸어요. 작은북은
틀릴까 봐 잔뜩 겁을 먹고 연주를 했어요. 시끌벅적한 소리에 묻혀 아무도 작은북 소리를
못 들었어요. 이번에는 큰북 차례예요. 큰북은 용감하게 둥! 북채를 휘둘렀어요.
그 소리는 정말 대단했어요. 사람들의 마음을 하나로 모으고, 축제 분위기를 최고로
끌어올렸거든요. 모두 큰북을 칭찬했어요. "너의 온몸에서 울려 퍼지는 북소리는
정말 웅장하고 훌륭했어!" 하면서요. 작은북은 부끄러워서 고개도 못 들었어요.

3)

당근을 수확할 때가 되자 토끼들이 들판의 밭을 정신없이
돌아다녔어요. 맛있는 당근을 찾아내려고요. 하지만 '똑똑이' 토끼는 달랐어요.
한 개의 당근 뿌리만 뚫어져라 살폈어요. 한참 후에 똑똑이가 말했어요.
"한 개의 당근 뿌리만 봐도 이 밭의 당근 맛을 알 수 있어. 여기 당근은 맛이 뛰어날 거야."
토끼들은 속는 셈 치고 그 밭의 당근을 먹었어요. 정말 달고 맛있었어요!
똑똑이가 너구리의 나무 다듬는 솜씨를 딱 한 번 보고 "너구리는 최고의 목수야. 조각
다듬는 솜씨 하나만 봐도 알 수 있어. 대단한 정성이야." 하고 말했어요. 이번에도
똑똑이 말이 맞았어요. 너구리의 솜씨는 누구도 흉내낼 수가 없었으니까요.

4)

토끼 '침착이'와 여러 동물이 덫에 걸리고 말았어요.
호랑이가 나타나 침착이와 동물들을 한꺼번에 덥석 물었어요. 모두 무서워서
비명도 못 질렀어요. 침착이는 "정신만 바짝 차리면 살 수 있어." 하고 생각하며
기회를 엿보았어요. 호랑이 걸음이 조금 늦춰졌어요. 이때다! 침착이는 호랑이 코를
세게 걷어찼어요. 화가 난 호랑이는 크아악! 입을 벌렸어요. 그 바람에 물려 있던 동물들이
바닥으로 떨어졌어요. "도망쳐!" 침착이가 외치자 동물들은 죽을힘을 다해 후다닥
도망쳤어요. 호랑이는 동물들을 뒤쫓았지만 흩어져 도망치는 동물들을 잡을 수가
없었어요. 침착이 덕분에 동물들은 호랑이한테서 무사히 풀려날 수 있었죠.

5)

(해답) 1)열 손가락 깨물어 안 아픈 손가락 없다. / 2)입에 쓴 약이 병에는 좋다. /
3)큰 북에서 큰 소리 난다. / 4)하나를 보면 열을 안다. /
5)호랑이한테 물려 가도 정신만 차리면 산다.

칭 찬 상

_____초등학교

___학년___반

이름 _______

나는 『어휘 방망이로 문해력을 뚝딱』
2단계 1 과정을
즐겁게 공부한 멋진 어린이입니다.
앞으로도 어휘력·독해력·문해력·
박사가 되도록 노력할 것입니다.
지금의 노력이 오랫동안 이어지기를
바라며 이 상을 주어 칭찬합니다.

년 월 일

나의 노력으로 멋진 미래를 기대하며 (사 인)

교과서 어휘
찾아보기

초등 2학년 1학기(2단계 1)에 수록된 어휘들을
과목별로 나누어 순서대로 정리하였습니다.

차례

국어 교과서 어휘 148~149페이지
수학 교과서 어휘 150페이지
나 · 자연 · 마을 · 세계 교과서 어휘 151페이지

수학 교과서 어휘

나 · 자연 · 마을 · 세계 교과서 어휘

생각디딤돌 창작교실

생각디딤돌 창작교실은 소설가 · 동화작가 · 시인 · 수필가 · 역사학자 · 교수 · 교사 들이 참여하는 창작 공간입니다.

주로 국내 창작 위주의 책을 기획하며 우리나라 어린이들이 외국의 정서에 앞서 우리 고유의 정서를 먼저 배우고 익히기를 소원하는 작가들의 모임입니다. 『마법의 맞춤법 띄어쓰기(전8권)』『마법의 속담 따라 쓰기(전4권)』『마법의 사자소학 따라 쓰기(전2권)』『마법의 탈무드 따라 쓰기(전2권)』 『어휘 방망이로 문해력을 뚝딱 1단계(전2권)』 등을 펴냈습니다.

문학나무 편집위원회 감수

문학나무 편집위원회는 소설가 윤후명 선생님을 비롯한 많은 소설가, 시인, 평론가 등이 활동하며 문예지 〈문학나무〉를 발간하고 있습니다.

동리문학원 감수

동리문학원은 소설가 황충상 원장님이 이끌어가는 창작 교실로 우리나라의 많은 문학 작가들의 활동 무대입니다.

집필 이종은

소설가 · 동화작가

집필 신희천

교육개발원 중등 국어 집필 및 심의위원(전)

어휘 방망이로 문해력을 뚝딱
2단계 1

초판 1쇄 발행 / 2025년 12월 05일

초판 1쇄 인쇄 / 2025년 12월 10일

집　필—— 이종은 / 신희천 / 생각디딤돌 창작교실
감　수—— 문학나무편집위원회, 동리문학원
펴낸이 —— 이영애
펴낸곳 —— 도서출판 생각디딤돌
　　　　　　출판등록 2025년 6월 11일 제2025-000033호
　　　　　　전화 070-7690-2292　팩스 02-6280-2292

ISBN　979-11-993205-3-6(64710)
　　　　979-11-993205-5-0(세트)

ⓒ생각디딤돌